NILS HEINRICH

WIR HEISSEN HIER ALLE RONNY, AUCH DIE JUNGS

EULENSPIEGEL VERLAG

INHALT

BEHAARTE KARTOFFELN

Wir brauchen keinen Krieg, wir haben einen Generationenkonflikt. Den kann man grob folgendermaßen zusammenfassen: Sture über Fünfzigjährige haben keinen Bock, sich die Welt von woken, neunmalklugen Mittzwanzigern erklären zu lassen, die nicht mal wissen, was eine Chromdioxidkassette ist. Oder eine Margarethe Schreinemakers. Beide, also die Kassette und die Margarethe, feierten Mitte der neunziger Jahre des letzten Jahrhunderts ihre letzten großen Erfolge.

Das, was ich nun schildere, liegt noch einige Monde länger zurück. Ich habe es aufgeschrieben, weil eins meiner Kinder mir neulich sagte, dass ich doch so alt sei und ihm sicher sagen kann, wie groß so ein Dinosaurier ist. Denn schließlich habe ich als Kind ja noch Dinosaurier gesehen. Und was soll ich sagen – das Kind hat recht. Also schildere ich mal, wie das war, damals, mit der Wiedervereinigung.

Über dreißig Jahre ist das jetzt her, dass über Nacht alles anders wurde im Osten. Die Grenze ging auf, man fuhr rüber. Man kam zurück mit hundert D-Mark. Oder mit Dosenbier für hundert D-Mark. Oder mit Westkartoffeln, die man neugierig gekauft hatte. Diese Dinger hatten im Gegensatz zu Ostkartoffeln keine braunen Froststellen und keine Wurmlöcher. Und sie waren behaart. Lustig. Die Kartoffelsorte hieß Kiwi. Und nun wollte man natürlich wissen, was passiert, wenn man die rasiert. Waren das Schamhaare?

Man wusste ja, dass die Westdeutschen total prüde waren. Dass sie nicht ständig nackt rumliefen wie die Ossis. Die Menschen im Osten haben ja alles nackt gemacht: am Hochofen arbeiten, Parteilehrjahr, aufs Auto warten, nach Schuhen anstehen, sogar beim Sex waren die Ostdeutschen nackt. Kann sich heute keiner mehr vorstellen.

Wir haben uns also aus Neugierde im November '89 verklemmte Kartoffeln gekauft, dann haben wir sie zu Hause rasiert, haben ihnen die Schale abgezogen, haben sie gekocht, und: sie waren danach immer noch grün und sauer. Schöne Scheiße! Schade um das schöne Westgeld!

Was man noch mitbrachte aus dem Westen, war ein schwerer Augenschaden. Denn die Farben der freien Welt waren greller, die Menschen schöner, die Häuser bunter und die Autos haben viel mehr geglänzt als unsere. Außerdem hat nachts bei der Autofahrt nach Hause beim Aufblenden alles reflektiert auf den Weststraßen: die Seitenpoller, die Mittelstreifen und die Katzenaugen der Katzen, die man überfuhr, weil man das schwer beladene Auto nicht mehr richtig steuern konnte. Es war sehr schwer beladen mit Dosenbier, mit behaarten, prüden Kartoffeln und mit viel, viel Begrüßungsgeld, weil sich das jeder Ossi zehnmal geholt hatte. Mit dem Personalausweis, dem FDJ-Ausweis, dem Pionierausweis, dem FDGB-Ausweis, dem DSF-Ausweis, dem GST-Ausweis und sogar mit dem SED-Parteiausweis. Die doofen Westdeutschen stempelten für einen Hunderter alles ab, die kannten ja unsere offiziellen Dokumente nicht.

Mit dem Übertritt über die Grenze im November '89 schalteten wir um: vom friedliebenden Sozialisten auf marktradikalen Schnäppchenjäger. Jetzt war die Devise nicht mehr »Mein Arbeitsplatz, mein Kampfplatz für den Frieden«, sondern »Ganz legal die Sparkasse ausrauben und dann Sonderangebote jagen!«.

Eine Nacht im Westen reichte, um uns blind zu machen. Es war so gleißend hell gewesen. Viele Ostdeutsche taumelten zudem mit einem Hörsturz zurück in ihre Heimat. Ihr Gehör hatte einen allergischen Schock erlitten, weil die Bewohner des mittleren Westens zwischen Hamburg und Kassel ganz ungewohnt sprachen: hochdeutsch nämlich. Wer jedoch nach Südwesten, nach Bayern gefahren war, um sich sein Geld zu holen, kehrte sogar mit zerborstenen Trommelfellen zurück. Denn die Menschen dort unten im Bergland sprachen tatsächlich wie Meister Eder und Franz Josef Strauß. Da hatte man jahrelang gedacht, die Bayern würden im Westfernsehen nachsynchronisiert, damit der traurige unterdrückte Ostdeutsche mal was zu lachen hat, wenn er sie sprechen hört. Und jetzt sprachen die Bayern wirklich so, erzählten die, die aus Bayern zurückkamen! Angst machte sich breit.

Und niemand konnte ahnen, dass es weiter westlich noch einen schlimmeren Dialekt gab: schwäbisch. Das erfuhr zunächst auch niemand. Denn die, die es zum Geldabgreifen bis nach Stuttgart runter schafften, kehrten nie zurück. Entweder kippten sie beim ersten Wortwechsel am Geldausgabeschalter in der Sparkasse tot um oder es befiel sie eine Schreckstarre, eine Lähmung. Eine Blitzassimilation. Sie schafften es nicht mehr aus dem Stuttgarter Kessel raus, sondern schlossen Bausparverträge ab, schafften bei Daimler, sprachen plötzlich selber schwäbisch oder gründeten den ersten Ortsverband der AfD – Jahrzehnte, bevor es diese Partei überhaupt gab!

Waren sie einige Zeit später komplett assimiliert, kehrten sie in den Osten zurück, wurden zu Chefs ihrer ehemaligen Freunde, kauften neue Immobilien und wollten ihr Alteigentum zurück. Ihre Geschäftspartner vor Ort in der alten Heimat waren Leute, die den Spruch »Eine Hand wäscht die andere« immer noch in allen Sprachen des ehemaligen Ostblocks aufsagen konnten. Diese frischgebackenen regionalen Unternehmer hatten jahrelang als bauernschlaue Parteifunktionäre ihre eigene DDR-Karriere gefestigt. Den Kapitalismus, dessen Theorie sie in Ruhe aus der Ferne, aus dem Schutz des doppelt umzäunten Deutschen Demokratischen Schrebergartens studiert hatten, setzten sie nun endlich in die Tat um, beispielsweise als Bauunternehmer. Oder als Makler.

Zusammen mit windigen Geschäftsleuten aus dem Westen lebten sie ihre immer schon vorhandene Chefmentalität völlig enthemmt an den armen Mitbürgern aus, die schon zu Ostzeiten unter ihnen hatten leiden müssen. Selber schuld, wer den Kapitalismus haben wollte, ohne zu wissen, was er damit kriegte.

KASSELER LEBERWURST

Jetzt, wo ich gerade in meinen Erinnerungen krame, fördere ich doch tatsächlich noch mehr zutage aus der Zeit, als sich die Welt änderte: 1990, das Jahr der Träume. Jeder Tag war »Another day in paradise«.

Endlich waren wir frei. Die Welt stand uns offen.

Ein Wunder war geschehen: Wir hatten Pässe. Also würden wir uns jetzt erst mal die BRD angucken, den goldenen Westen, und dann den Rest der Welt. Geld spielte keine Rolle, wir hatten uns ja im November '89 genug Begrüßungsgeld ergaunert. Allein schon der Name: Westdeutschland. Das roch nach Lenor, das schmeckte nach Ferrero Rocher. Das war einfach das bessere Deutschland. Also nichts wie rüber. Endlich würde ein Traum in Erfüllung gehen, Wahnsinn!

Und dann standen wir in Kassel!

Und waren erschrocken. Hatten wir uns verfahren? Waren wir aus Versehen ganz, aber ganz woanders gelandet? Es war nicht auszuschließen, dass die SED/PDS-Schergen kurz vor der Grenze falsche Schilder aufgehängt hatten, um uns in die Irre zu führen. Sie hatten uns schon so oft belogen, sie würden es immer wieder tun. Vermutlich standen wir gerade ausgehungert und orientierungslos in Schmalkalden! Überprüfen ließ sich das nicht auf die Schnelle: Wir hatten kein Navi! Wir waren komplett am Arsch. Und das in Schmalkalden. Na danke!

Egal, erst mal was essen, dann weiterfahren. Große Frage: Was isst man denn hier so in Schmalkalden?

Guck mal da, eine regionale Spezialität: »Döner«.

Noch nie gehört. Aber wann ist man auch schon mal in Mittelthüringen? Immerhin konnten wir das aussprechen: »Dönor«. Ein typisches DDR-Essen. Mangelwirtschaft zum Runterschlucken. In ein altes Brötchen stopfte man Salatreste und runtergefallenes Krustenfleisch. Oder waren das zerschredderte und kurz angebratene Parteiausweise? Die gab's ja jetzt ohne Ende. Zum Schluss dick Zwiebeln drüber, damit man das alles nicht sah und nicht roch.

»Und dafür wollen die auch noch Geld?«, hörte ich empört meinen Vater schimpfen. »Kommt jar nich in die Tüte, wir haben Bemmen dabei.«

Und schon hatte der praktisch veranlagte Mann eine selbstgeschmierte dicke Klappstulle mit grober Mansfelder Leberwurst in der Hand, von der er mit absoluter Entschlossenheit abbiss. Augenblicklich stand eine dicke Wolke ehrlicher ostdeutscher Leberwurstgeruch in der Luft, wie eine Mauer. Es roch nach Jugendwerkhof, Parteilehrjahr und abgebrannter Stasi-Zentrale.

Sofort stoppte ein Trabi neben uns, der vertraute Duft hatte ihn wohl magisch angezogen. Die Scheibe auf der Beifahrerseite wurde runtergeleiert, und ein Mann sagte: »Ich glaub, wir haben uns verfahren, hier riecht's wie im Osten, wisst ihr den Weg Richtung Grenze?«

Der Kunde war witzig. Wenn wir den Weg in den Westen wüssten, stünden wir dann hier rum? Nee!

»Habt ihr noch 'ne Bemme übrig? Wer weiß, wie weit die Strecke noch is. Und eh ich hier im Osten irgendeinen Scheiß kaufe …«

»Richtig, meiner!« Mein Vater gab ihm ein Leberwurstbrot. »Macht zwanzig Mark.«

»Hä?«

»Ich üb schon mal für'n Kapitalismus, haha. War'n Witz. Kannste behalten. Guten Appetit. Lass es dir schmecken!«

Der Mann nahm die streng riechende Streichwurstschnitte und leierte das Beifahrerfenster hoch. Im Inneren des Trabis stöhnte jemand laut, aber umsonst, auf. Bevor er vermutlich starb.

Plötzlich kam aus Richtung der Imbissbude hinter uns ein Schrei: »Ey, könnt ihr mit eurem Stinkezeug mal weggehen? Ihr versaut mir meine ganze Ware!«

Der Imbissmann rannte auf uns zu und machte Armbewegungen, die uns verscheuchen sollten.

Wir fragten den Mann, wie wir aus diesem Kaff am schnellsten nach Kassel kämen. Und prompt wurden wir ausgelacht.

Denn wir befanden uns, das mussten wir einsehen, tatsächlich, wirklich, echt: in Kassel!

Was?! Das konnte unmöglich sein. Das hier war der Westen? Warum wussten wir davon nichts? Dann wären wir doch zu Hause geblieben.

Denn zu Hause ist es immer noch schöner als in Kassel. Hier, im Herzen der Ernüchterung, bekamen wir die ersten Zweifel, ob das richtig war mit der Maueröffnung. Sollte uns das Westfernsehen all die Jahre wichtige Details über Westdeutschland vorenthalten haben? Damit wir ja nicht auf den Gedanken kamen, wie schön die DDR eigentlich ist?

Es gab ziemlich offensichtliche Gründe, wieso der ZDF-Landarzt nicht in Kassel praktizierte. Außerdem war im ZDF gerade die Serie »Zwei Münchner in Hamburg« angelaufen. Mit Uschi Glas und Elmar Wepper. Warum wollten diese beiden Münchner nicht nach Kassel? Warum spielte Kir Royal nicht in Kassel? Schließlich hieß eine der bekanntesten Fernsehserien auch »Schwarzwaldklinik« und nicht etwa »Seuchenhospital Kassel-Wilhelmshöhe«. Nicht mal Schimanski traute sich her. Der machte sein Ding in Duisburg.

Aber Kassel – wir fragten uns, warum es diese Stadt überhaupt gab? Das ergab doch keinen Sinn! Beim kurzen Spaziergang durch dieses Ghetto waren wir der festen Überzeugung, durch eine Kulisse zu laufen. Eine Kulisse für Filme, die in der DDR spielen. Wo man jahrelang nicht drehen durfte und jetzt nicht mehr drehen wollte. Und auch nicht musste. Weil man den Film in Kassel drehen konnte. Als Komparsen brauchte man nicht mal Ostdeutsche, die Hessen reichten völlig.

Hessische Zonenrandgesichter glichen, was Entbehrung und Elend anging, jeder Bitterfelder Hackfresse bis auf die letzte Kummerfalte. Beim Anblick eines hessischen Gesichtes suchte man automatisch nach einer Münze oder einer Möhre, die man dem armen Menschen in die Hand drücken wollte. Dieses Elend hatten die Rodgau Monotones schon Mitte der Achtziger besungen, im Song »Erbarmen, die Hesse komme«.

Es war also höchste Zeit, mit quietschenden Reifen die Flucht anzutreten. Fliehen konnten wir ja, haha! Nichts wie weg hier, und zwar dahin, wo es schön war. Nach Duisburg. Das kannten wir aus dem Fernsehen. Einen Zwischenhalt hatten wir auch eingeplant: Bielefeld.

Wir waren uns sicher, das würde unvergesslich werden!

WENN'S BEIM OSTMANN ZWEIMAL KLINGELT

Was Anfang der Neunziger im Osten abging, kann sich kein normaler Mensch vorstellen.

Man musste alles neu lernen. Und es gab keinen, der es den Leuten vormachte. Man musste sich wirklich alles selbst beibringen. Es gab keine Handbücher, es gab keine Tutorials. Es gab ja kein YouTube.

Wenn man heute nicht weiß, wie man mit dem Löffel isst, dann googelt man das. Wenn man nicht weiß, wie man Obst schält, dann trinkt man das als Smoothie. Wir leben heute im Zeitalter des allumfassenden Stützrades. Für alles gibt's ein Forum, eine WhatsApp-Gruppe, eine Hilfeseite im Internet, eine Warnweste und einen Helm. Aber damals, vor dreißig Jahren, wurde eine große Gruppe Menschen kollektiv ins kalte Wasser geworfen, egal, ob die Leute dabei schwimmen lernten oder nicht. Es war auch piepegal, dass das Wasser eine zugefrorene Eisdecke hatte und viele dieser Menschen sich erst mal was brachen. In der Regel ihr Rückgrat.

Uns hat damals auch niemand gesagt, was passiert, wenn die Grenze aufgeht. Erst dachten wir jahrelang, die geht nie auf. Dann dachten wir, die geht nur für uns auf. Und nur in eine Richtung. Und nur die eine Grenze nach Westen.

Was waren wir doch doof. Dass die DDR auch eine Grenze in Richtung Osten hatte, interessierte die meisten von uns gar nicht. Dahinter wohnten doch auch nur die polnischen, die rumänischen, die russischen und all die anderen Klassenbrüder. Verwandte also. Noch ärmer als wir. Was ist der Unterschied zwischen Verwandten und Freunden? Freunde kann man sich aussuchen.

Wovon wir völlig überrascht waren: WIR waren für die der Westen! Und nun kamen sie zu uns: Russlanddeutsche, Sinti und Roma, Rumäniendeutsche und viele andere, denen es im Ostblock viel dreckiger gegangen war als uns Ostdeutschen. Wovon wir aber nichts wussten. Das hatte uns nie jemand erzählt. Warum auch? Der Nachkriegssozialismus war schließlich eine osteuropäische Erfolgsgeschichte, über die in ganz Osteuropa nicht diskutiert werden musste. Und nun, wo uns kollektiv freigekauften Ostdeutschen, die wir uns immer schon für etwas Besseres hielten, für einige Monate die Sonne aus dem Arsch schien, wollten wir verständlicherweise auch nichts vom Elend der anderen wissen.

Was wir ebenfalls nicht wussten, aber sehr schnell mitbekamen: Halunken und Tunichtgute machten sich aus dem satten Westen auf Richtung Osten. Für den Westen waren WIR neue Kunden. Und der Kunde ist König. Und Königen will jeder ans Leder. Kaum hatten wir die D-Mark, tauchten auch schon Schlitzohren auf, die sie uns abnehmen wollten. Denn der Osten brauchte jetzt ganz dringend ihre Hilfe, ihre Produkte und ihre Versicherungen. Sie waren bewaffnet, mit Messersets und Gurkenhobeln.

Permanent klingelten von nun an Vertreter an unserer Tür. Jahrelang hatten wir gar nicht gewusst, wofür wir eine Türklingel brauchten. Es bimmelte nie jemand. Kam ja keiner rein ins Land. Und die Stasi brauchte nie zu klingeln. Die hatte einen Schlüssel.

Jetzt war die Wende gekommen. Ein Wimpernschlag der Weltgeschichte hatte uns von halbverhungerten Stasi-Gefangenen in begehrte Verbraucher verwandelt. Vertreter über Vertreter drückten und drückten. Es hätte sogar geklingelt, wenn wir keinen Klingelknopf gehabt hätten. Mein Vater installierte uns sehr bald einen Nicht-Klingelknopf. Wenn der gedrückt wurde, klingelte es nicht. Total praktisch. Den hätte ein fliegender Händler damals an den Türen verticken sollen. Das wäre ein Hit gewesen!

Jeden Tag kamen sie. Es schien, als hätten sie sich die Wochentage aufgeteilt. Montags kamen die Messersetjungs. Dienstags die Gurkenhobelleute. Mittwochs klingelten die Tupperdosendamen. Am Donnerstag läuteten orientalisch anmutende Teppichhändler und Teppichhändlerinnen. Und Freitag dann logischerweise die Staubsaugervertreter. Samstag und Sonntag hatten wir frei. Aber nicht immer. Hin und wieder stand ein verwirrter Versicherungsvertreter vor der Tür, der im Verkaufsrausch vergessen hatte, welcher Wochentag gerade war. Und an manchen Sonntagen schellten die Zeugen Jehovas an der Tür.

Zuerst fragten wir noch nach: »Wer sind Sie? Zeugen? Sie haben was gesehen? Dann gehen Sie doch zur Polizei!«

Aber sie blieben vor der Pforte stehen, das hatten sie ja drauf. Bis es Montag war. Dann holten sie die Messersets raus und klingelten erneut. Das gab dann natürlich Probleme mit den anderen Messersetvertretern. Grauenhafte Revierkämpfe waren damals an der Tagesordnung. Hat man im Westen gar nicht mitgekriegt, was damals im Osten abging. Und wenn doch, interessierte das keinen.

Zum Glück konnten wir alles, was wir in den Schulfächern Wehrerziehung und Zivilverteidigung gelernt hatten, jetzt anwenden. Druckverband, stabile Seitenlage, Mund-zu-Mund-Beatmung. Wir ließen keinen zurück.

Manchmal gongte uns auch ein Alteigentümer aus unseren süßen Träumen. Wir hatten schon viele Alteigentümer erlebt, die unser Haus zurückhaben wollten. Alteigentümer schossen Anfang der Neunziger wie radioaktive Pilze aus dem Boden. Es gab mehr Alteigentümer als Alteigentum. Den meisten konnten wir sofort beweisen, dass ihnen das Haus noch nie gehört hatte. Wenn jemand vor dir steht, nach Bier riecht und

Kleidung aus dem Quellekatalog trägt, die du selber in einem VEB-Kombinat genäht hast, dann weißt du: Der will dich verarschen. Der hatte gehört, dass man die Ossis jetzt ganz schön erschrecken kann: mit dem Wort »Alteigentum«.

Hätten diese Gauner mal besser DDR-Fernsehen geguckt! Dann wäre ihnen klar gewesen, wem sie da gegenüberstehen. Nämlich kampferprobten Sozialisten, ausgebildet an der scharfen Waffe und im Nahkampf. Jeder Jungpionier konnte einen ausgewachsenen Kapitalisten mit bloßen Händen töten. Wir waren ja auch alle hauptamtlich angestellt beim Geheimdienst und in keiner Weise an den überflüssigen Produkten des Kapitalismus interessiert. Doch sie dachten sich einen Trick aus, um uns ihr Zeug zu verkaufen: Sie schrieben groß GÜNSTIG drüber. Und es waren wirklich gute Preise, die man uns machte. Sehr gute Preise. Völlig überhöhte Preise nämlich.

Ein Beispiel: Eine pingelige Stereokompaktanlage bei Woolworth, die, wie ich viel später erfuhr, ein Westdeutscher einen Tag vor der Maueröffnung noch für 19 Mark 95 nachgeworfen bekam, erfuhr durch uns Ossis eine ungeahnte Wertsteigerung. Von der Herstellerfirma der Plastikmäusedisko hatte man noch nie was gehört – sie hieß Unsharp oder Zonie oder Tashibo. Die Kompaktanlage kostete einen Tag nach der Maueröffnung nur 99 Mark 90, was immer noch sehr viel preiswerter war als die ostdeutschen Rumpelrekorder für mehrere tausend Ostmark! Von meinem Begrüßungsgeld blieben mir immerhin zehn Pfennige übrig. Da war mir klar, für wen die Kohle gedacht war: nicht für mich!

Und aus heutiger Sicht kann ich sagen, dass »Begrüßungsgeld« ein leicht verlogener, aber auf jeden Fall sehr viel süßerer Begriff ist als das brutale, aber ehrliche Sachzwang-Label »Abwrackprämie«.

HELMUT BLUMENKOHL

Hatte ich eigentlich schon erwähnt, dass vor mehr als dreißig Jahren über Nacht alles anders wurde im Osten?

Kurz zusammengefasst waren die Ostdeutschen nach der ersten Schnupperfahrt in den Westen stinkreich oder stockbesoffen. Die optischen Eindrücke hatten sie außerdem geblendet und die akustischen taub gemacht. Vor allem irgendwelchen Bedenken gegenüber, dass das mit Grenzöffnung, Westgeld, Sozialismusende, Kapitalismuserweiterung, Kollision der Systeme undsoweiterundsofort vielleicht doch alles ein bisschen schnell und zu überstürzt passiert.

Das nutzte Bundeskanzler Helmut Kohl eiskalt aus. Der Mann versteckte eine große Katze im Sack, um sie den Ossis zu verkaufen. Damit sie ihn wählen. Weil die Westdeutschen nach acht Jahren Kohlkanzlerschaft ziemlich gesättigt waren. Die Wiedervereinigung sollte dem Kohl nun helfen, seine nächste Wahl zu gewinnen. Das war der wahre Grund für die Eile, die der eigentlich gemächliche Riese plötzlich an den Tag legte.

Der Obelix aus Oggersheim machte sich also persönlich auf den Weg. Nur sechs Wochen nach dem Mauerfall fuhr er für eine Kundgebung nach Dresden, wohin sonst. Er wollte den Menschen traumhafte Dinge erzählen. Die renitenten Sachsen unten im Tal der Ahnungslosen bejubeln schließlich jeden, der sie mit blumigen Worten ein wenig aus ihrer sächsischen Tristesse befreit. Nicht umsonst hat Roland Kaiser dort unten die meisten Zuschauer. Die Sachsen gehen für ihre Träume, so seltsam sie auch sein mögen, regelmäßig auf die Straße – wenn die nicht gerade vom Hochwasser überschwemmt ist.

Und was soll man sagen? Kohls Plan ging auf. Wie im Drogenrausch bejubelten die Sachsen den wohlgenährten

Mann aus dem wohlhabenden Westen. Sie würden den großen Schattenspender sofort zu ihrem Kaiser krönen. Und sich ihm als Blutopfer darbieten. Selbst wenn er ihnen etwas völlig Verrücktes versprach.

Und das tat er. Er versprach den Ossis die D-Mark. Und dann versprach er blühende Landschaften. Irgendwas musst du einfach versprechen als Politiker. »Blühende Landschaften« klang damals genauso irre, als hätte er versprochen, dass die Menschen ein Telefon eines Tages in die Hosentasche stecken und mit auf die Straße nehmen können.

Historiker fragen sich heute: War Kohl ein Zyniker? Oder kann jemand, der Kohl heißt, nur blumig sprechen? Ich persönlich glaube, er meinte es ernst.

Um dem Kohl gebrochene Wahlversprechen vorzuwerfen, hätte er damals was versprechen müssen, das niemand halten kann: sichere Renten und auch in dreißig Jahren noch Schnee im Winter. Glasfaserkabel oder schnelles Internet konnte er damals nicht versprechen. Das gab es 1990 genauso wenig wie Deutschrap oder Red Bull. Die Leute hätten sich ja auch gewundert: »Was für'n Scheiß? Internet? Was redet der Mann da? Ist der blöd? Was soll'n das sein, Internet? Muss man das rasieren? Kann man das essen? Wir wollen Auto fahren, jeden Tag im Schnitzelparadies essen und einen Telefonanschluss. Ei verbibbsch!«

Also hat Kohl blühende Landschaften versprochen. Kann er doch nix für, wenn die Leute da was reininterpretieren.

Schon mal gehört, dass einem eine blühende Landschaft Arbeit gibt?

Eine Biene würde jetzt sagen: Ja! Aber eine Biene ist auch verrückt. Haben Sie einer Biene schon mal in die Facettenaugen gesehen? Haben Sie da einen klaren Blick erkennen können? Eben! Außerdem hat die einen Stachel und kotzt Honig. Wenn Sie mich fragen: Normal ist das nicht!

Nun ist der Osten also leer. Das konnte man ja nicht ahnen, als man die Betriebe dichtmachte. Das betraf in jeder Stadt im Osten nicht nur eine Firma, die da mal eben schloss. Wie beispielsweise Quelle in Fürth. Als Quelle in Fürth dichtmachte, haben ja nicht automatisch auch alle anderen Firmen der Stadt zugemacht. Im Osten war das anders. Da machte in jeder Stadt jeder Betrieb dicht.

Es soll allerdings Leute geben, die gerne arbeiten gehen. Die vielleicht sogar einen Sinn darin sehen. Und die damit auch noch ihre Familie ernähren. Ihre intakte Familie mit zwei nicht arbeitslosen Eltern, die den Kindern Vorbild sind. Eine Bilderbuchfamilie, in der kein Kind kriminell wird oder Nazi. Sowas soll's geben. An die hat man damals beim großen Umbruch nicht so richtig gedacht. Und dann hatten die keine Arbeit mehr und sind weggezogen. Sie sagten: »Vielen Dank für die Blumen in den blühenden Landschaften, aber es sind mir zu viele, ich hab 'ne Pollenallergie, ich muss weg hier.«

Woher soll man auch wissen, dass die Leute im Kapitalismus der Arbeit hinterherziehen? Weil das ihr Lebensmittelpunkt ist? Das ist auch manchmal für den Kapitalismus überraschend, dass die Leute ihn so annehmen, wie er ist.

Wenn ihnen aber die Lebenssicherheit wegbricht, macht das ja was mit den Menschen. Sie sind wie Gebäude, denen die tragenden Säulen weggesprengt werden. Plötzlich hast du keine Träume mehr, keine Sicherheit und keine Familienidylle. Keine schönen Momente. Sowas soll's ja geben. Die Leute wollten ein besseres Leben, sie wollten nicht mehr angelogen werden. Und nun war das Leben der meisten nicht besser. Es war besser angemalt als vorher und duftete schön künstlich, aber es war auch teurer und unerschwinglicher. Und nur die furchtlosen Abenteurer konnten was draus machen. Sie machten auch was draus und zogen von dannen. Zurück blieb der Rest. Menschen, die nur in Ruhe ein Bier zischen und die Gesamtsituation nicht verstehen wollen, aber trotzdem drüber meckern. Zu Hause. Früher vorm Fernseher, jetzt vor YouTube. Und keiner geht mehr raus. Draußen also: leere Straßen, leere Plätze, leerer Osten.

Die Natur holt sich alles zurück. Und der Einzige, der davor gewarnt hatte, war Helmut Kohl.

Von dem Schock, dass die Leute ihn damals trotzdem gewählt haben, sollte er sich nie mehr erholen. Dann noch dieser unsägliche Spendenskandal und Entmachtung ausgerechnet durch eine ehemalige FDJ-Sekretärin, die genauso lange an der Macht bleiben würde wie er einst. Er, der Kanzler der Einheit, der jetzt selbst eine blühende Landschaft ist.

DER EWIGE OSSI

Heute, nach so vielen Jahren, weiß man nicht mehr viel über die alte Zeit im sozialistischen Osten. Nicht wenige Zeitzeugen sind schon tot. Und die anderen wollen entweder nicht mehr davon reden oder aber halten hartnäckig an einem Mythos fest: dem von der sagenumwobenen und einzigartigen Gemeinschaft der Ostdeutschen.

Tatsächlich ist ja heute alles zersplittert. Das lässt sich nicht bestreiten. Wie viel Wärme dagegen strahlt die gute alte Geschichte aus, dass die Menschen damals im Osten alle zusammenhielten. Keiner hat was alleine gemacht. Nicht ein Einziger wollte mal fünf Minuten Privatsphäre haben. Ja, alle haben zusammen geduscht, zusammen gebadet, zusammen gekocht und zusammen verdaut. Man kennt ja diese Schwarzweißfotos von den trennwandfreien Kollektivdonnerbalken aus den ostdeutschen Kinderkrippen. Wo die kleinen Nachwuchskommunisten darin trainiert wurden, sich schon beim Abstuhlen gegenseitig zu überwachen. Vom Kreißsaal bis zum Sarg waren wir ein Kollektiv. Sagen doch immer alle.

Und das stimmt auch. Die Leute haben mehr miteinander geredet. Sie hatten ja kein Telefon. Und sie hatten mehr Zeit dafür, weil es noch keine elektronischen Zeitfresser aller Art gab, die den Leuten heute unterbewusst die letzte große Ressource wegnehmen: ihre Lebenszeit.

Jetzt könnte man natürlich einwenden: »Ja, aber damals im Osten haben die Leute mehr gelesen, oder?« Einerseits ja, andererseits nein. Zum einen war das Angebot an literarischen Erscheinungen überschaubar – internationale Werke, also Bücher aus westlichen Ländern, erschienen nur, wenn sie der politischen Staatsraison entsprachen. Und dann war die Auflage auch nie so groß, dass jeder Interessent ein Buch abbekam. War es vergriffen, wurde nicht nachgedruckt. Man musste es sich von guten Bekannten oder in der Bibliothek ausleihen. Was aber auch nicht leicht war, wenn es dort insgesamt nur eine Ausgabe des fraglichen Buches gab. Mühelosen Zugriff hatte man jedoch auf die Klassiker, vor allem die der großen deutschen Dichter, die schon mindestens zweihundert Jahre tot, also unverdächtig waren, Kritik am Sozialismus zu üben. Darum haben viele ehemalige DDR-Bürger auch heute noch, ein halbes Menschenleben nach dem Ende ihres Staates, das ein oder andere Zitat aus diesen alten Schwarten auf dem Kasten.

Ein weiterer Grund für die Gemeinschaft im Osten: Alle haben dieselben Klamotten getragen. Gut, das kennen die Leute aus dem Westen auch, dass man die gebrauchten Klamotten der älteren Geschwister aufträgt, dass man da quasi reinwächst, während sie noch warm sind.

Im Osten hatte aber jeder gleiche Klamotten an, die auch gleich aussahen. Wenn es schon keinen blauen Himmel gab, dann wenigstens ein blaues Hemd. Das war die ostdeutsche Gemeinschaft. Wir waren schon eine WhatsApp-Gruppe, bevor es WhatsApp überhaupt gab. Und das prägt die Ostdeutschen bis heute. Das darf man nicht vergessen! Das war eine Gemeinschaft. Der sie jetzt, ein Drittel Jahrhundert später, hinterhertrauern. Es gab keine Geheimnisse. Und wenn doch, waren sie so geheim, dass man tatsächlich nix davon wusste.

Heute werden die richtig echten Geheimnisse ja jeden Tag auf sehr vielen YouTube-Kanälen von Verkündern der Wahrheit ausgeplaudert, so dass sie jeder kennt. Trotzdem sind sie den Worten dieser Verkünder nach immer noch geheim. Irre!

Die Ostdeutschen von damals waren nicht verrückt, weil sie keine Geheimnisse hatten. Denn sie haben sich damals alles erzählt. Wie gesagt: kein Telefon. Und sie haben sich zugehört. Was haben sie sich zugehört. Teilweise auch gegen Bezahlung. Sie haben sich damals alles geschrieben, per Brief. Und sie haben die Briefe gelesen. Und auch mitgelesen. Sie wussten sogar, was jeder denkt. Nämlich: »Mist, schon wieder umsonst am Obstladen angestanden!« Alle dachten das Gleiche. Und wenn nicht, hat man was für den anderen mitgedacht. Darum haben die Ostdeutschen nämlich gar kein Telefon gebraucht!

Als dann, ziemlich schnell nach der Wende, die Bundespost Telefonkabel verlegte, hat das die Gemeinschaft natürlich gesprengt. Weil permanent der, für den man gerade denken wollte, angerufen hat. Und gesagt hat: »Hör mal auf, an mich zu denken. Das ist jetzt vorbei. Du brauchst nicht mehr an mich zu denken. Du kannst mich einfach anrufen.«

»Nee, kann ich nicht, bei dir ist gerade besetzt!«

Permanente Missverständnisse. Und schon hat man sich gestritten. Und die Spaltung der Gesellschaft war da!

Ossis kennen sich ja auch alle untereinander. Alle Ostdeutschen kennen sich. Wenn ein West-Chef in München seinem Ossi-Arbeitnehmer aus dem Erzgebirge einen neuen Kollegen aus Rostock zur Seite stellt, dann sagt der West-Chef: »Hier, ihr seid ja beide aus dem Osten, ihr arbeitet bestimmt super zusammen!«

Ja! Wir heißen alle Ronny. Auch die Jungs. Wir sind genetisch verwandt. Selbst wenn sechshundert Kilometer Entfernung zwischen uns liegen. Wir Ostdeutschen kennen uns automatisch alle, wir mögen uns auch automatisch alle. Wir haben alle dieselben Leibgerichte. Wir haben die gleiche Körpertemperatur. Wir sind gleichgeschaltet. Wir haben alle denselben Dialekt. Wir sind keine Menschen, wir sind Ossis.

Wir erkennen auch sofort, ob ein anderer ein Ossi ist. Wenn ein Ossi in ein Haus geht und da drin ist ein anderer Ossi, dann riecht der das, dann spürt der das. Dann werden dem Ossi die Augen feucht. Dann beginnt er wohlig zu brummen, und zwar tiefer als Gunther Emmerlich, und es wachsen ihm vor Erregung kleine Gänsehautnoppen am ganzen Körper. Sogar unter den Füßen!

Dann fährt sich auch sofort seine Hand aus, weil sie weiß, dass sie gleich eine andere ostdeutsche Hand schütteln wird. Und wenn sich die beiden Ossis dann gefunden haben, küssen sie sich, essen zusammen Soljanka vom gleichen Teller, schimpfen über die Lügenpresse und haben einfach einen schönen Tag. Am Ende tauschen sie die Nummern ihrer Stasiakten aus und verabschieden sich herzlich mit: »Hau ab, du Volksverräter!«

So reden alle Ossis, das weiß man doch.

Zur ostdeutschen Gemeinschaft gehört auch, das kennt man, Fangen spielen. Ostdeutsche rennen gerne mal hinter fremden Menschen her. Erstens, weil das das Einzige ist, hinter dem man in Ostdeutschland herrennen kann – ein Bus, hinter dem man herrennen könnte, fährt ja nicht.

Und zweitens rennt der Ossi hinter anderen Menschen her, weil er mit ihnen kuscheln will. Man muss mit dem kuscheln, was da ist. Und von hinten sieht man nicht immer, ob der, hinter dem man herrennt, von hier ist. Und dann heißt es gleich: Hö, das war eine Hetzjagd! Nur weil man kuscheln wollte.

Wir Ossis wissen, wo wir uns finden. Dank unseres speziellen Ossi-Nervenstranges, eines ganz besonderen Sinnesorgans, über das nur Ostdeutsche verfügen. Dieses Sinnesorgan wurde damals in geheimen Labors von der Roten Armee entwickelt, aus radioaktiver Leberwurstpelle. Die wurde mit Zigarettenrauch geräuchert und mit Bertolt Brecht beschallt. Dann hat man die in dünne Streifen zerschnitten und jedem frischgeborenen Ostdeutschen eingesetzt, durch ein klitzekleines Loch in der Stirn.

Dieses Sinnesorgan wächst seitdem in jedem Ossi nach. Deswegen vertragen wir uns automatisch mit allen anderen Ostdeutschen.

Und wenn einer von uns Schnitzel isst, essen wir automatisch alle Schnitzel.

Und wenn einer von uns nur noch RTL guckt, gucken wir alle nur noch RTL.

Und wenn einer von uns demonstrieren geht, weil sein Schlüpfer zwei Nummern zu klein ist, oder weil er vom Biertrinken rülpsen muss, weil da Kohlensäure drin ist, und er dafür die geheime Weltregierung, die Juden oder seit Neuestem Bill Gates verantwortlich macht, dann machen das automatisch alle Ostdeutschen. Das weiß man ja.

Jeder Ostdeutsche ist in den letzten Jahren gründlicher durchleuchtet worden als zu DDR-Zeiten. Und darüber, was man dabei rausgefunden hat, wurde dann pausenlos in den Talkshows gesprochen. Von Westdeutschen.

Die Erkenntnis: Alle Ostdeutschen haben einen Jammerdialekt, sind abgehängt, arbeiten in der Braunkohle und hassen Windräder. Oder hat man irgendwo schon mal einen glücklichen, zukunftsorientierten Ostdeutschen gesehen, dessen Mundwinkel nach oben zeigen?

Eben! Sowas gibt's nicht. Und Westdeutsche wissen viel besser als Ostdeutsche, wie es in Ostdeutschen aussieht. Deswegen sind sie seit Jahren unsere Chefs, deswegen leiten sie unsere Behörden, deswegen reden sie, ohne dass wir mitreden können, in ihren Talkshows über uns – übrigens ein Schicksal, dass wir mit den Flüchtlingen teilen –, und deswegen verlegen sie unsere Zeitungen, wenn wir noch welche lesen.

Und weil die anderen uns unter dieselbe Decke stecken, sagen wir trotzig wieder »Wir« zu uns, obwohl jeder von uns eigentlich ein Ich ist. Und wenn wir oft genug »Wir« gesagt haben, wählen wir sogar in unseren abgelegensten

Ostregionen Westdeutsche als unsere Volksvertreter. Sie müssen uns nur, wie der Rheinland-Pfälzer Bernd Höcke, versprechen, die Wende zu vollenden.

Wer die Wende vollendet, fährt nämlich immer im Kreis. Karussell fahren ist schön, das ist unsere Welt: im Kreis fahren, in den Grenzen des eigenen Horizonts, ohne Tempolimit Helene Fischer hören und dabei WhatsAppen.

DEN Ostdeutschen gibt's nämlich nur in einer einzigen Sorte. Das ist die, die Einschaltquoten bringt und hohe Klickzahlen generiert: die dunkelbraune Voll-Nuss.

Die anderen Sorten, die optimistischen, erfolgreichen, kreativen und vor allem attraktiven Ostdeutschen haben sich in der medialen Berichterstattung leider nicht so richtig durchgesetzt.

Rechtsradikal und bildungsfern, so habt ihr euren Ossi gern.

Heil Hitler, ihr Fotzen!

EIN NEUES LAND

Bevor wir uns gleich wieder der Gegenwart zuwenden, wollen wir das jüngste Kapitel der deutschen Geschichte mal grob, aber auch gründlich zusammenfassen: Man hätte damals alles neu starten können. Man hätte 1990 ein ganz neues Land erfinden können. Die Voraussetzungen waren günstig! Modern Talking war tot. Kohl war am Ende. Die Westdeutschen waren ermüdet vom alten CDU-System. Auf der anderen Seite hatten die Ossis ihre Staatsführung gerade in die Geriatrie abgeschoben. Wie wäre es gewesen, wenn wir Deutschen genau jetzt, in diesem Moment, gemeinsam ganz was Neues gestartet hätten? Wie wäre es gewesen, wenn nicht nur die Ostdeutschen von vorn angefangen hätten, sondern auch die Westdeutschen?

Man hätte als Erstes mal eine neue Nationalhymne installieren können, meinetwegen »Verdammt ich lieb dich - zieh dich aus, kleine Maus, mach dich nackig!«

Das hätte auch die dauerhafte Beziehung zwischen West- und Ostdeutschland sehr gut auf den Punkt gebracht. Oder den Bratmaxe-Song. Da ist doch alles drin, was uns ausmacht: »Grillen - mehr wollen wir nicht!«

Ein Mehrwegsystem hätte man einführen können (was dann später kam), den grünen Abbiegepfeil (der dann später kam), nicht in Plastik eingeschweißte Gurken hätte man verkaufen können (was dann später kam), die Leute im Supermarkt Stoffbeutel und Einkaufsnetze benutzen lassen (was dann später kam), man hätte auch im Westen Kitas einführen können (die dann später kamen) und Doppelstockzüge (die dann später kamen).

Man hätte das neue Land anders nennen können, »Funkloch« oder »Das Land, das auf RTL keinen Superstar findet«. Das hätte man alles machen können, hat man aber nicht.

Außerdem: Der Kalte Krieg war vorbei, der Weltfrieden war da, trotzdem gab's noch die Wehrpflicht. Warum? Man hätte im wiedervereinigten Land eine Zivildienstpflicht einführen können. Für beide Geschlechter. Oberste Regel: Alle Ostdeutschen machen Zivildienst im Westen, alle Westdeutschen im Osten. Westdeutsche Millionärskinder aus Düsseldorf gehen nach Hoyerswerda, kneten den alten Braunkohlekumpeln im Bergarbeiterpflegeheim »Adolf Hennecke« die verspannten Rücken locker, pflücken ihnen die Klabusterbeeren aus der Poperze und cremen die abgeernteten Stellen schön mit Oil of Olaz ein. Wie das duftet!

Und frisch exkommunizierte FDJler aus Bautzen gehen nach Baden-Baden, um den dortigen Millionärswitwen mit sowjetischen Drahtbürsten den Zahnstein von den Goldzähnen zu raspeln.

Man hätte Führungskräfte aus dem Osten mal in den Westen schicken können. Altgediente SED-Kader hätten als Berater zur CSU gehen können.

Was dann später kam.

Die Westdeutschen hätten damals schön was vom Osten lernen können. Es hätte schon gereicht, wenn jeder Westdeutsche mal ein Ostprodukt gegessen hätte, eine Schlager Süßtafel beispielsweise. Diese Unrechtsschokolade, zusammengeklatscht in den Betonmischmaschinen des Zuckerwarenwerks VEB Zahnwehmännchen Zittau, aus Braunkohleresten, Zuckerrübenspänen und Schweineblut – wenn gerade kein Dissident greifbar war. Jeder Westdeutsche hätte schlagartig mehr Verständnis für die Ostdeutschen gehabt, wenn er sich eine Tafel davon reingepfiffen hätte – unter Androhung von Waffengewalt.

Anders hat man das Zeug ja auch nicht runtergekriegt.

Für die Westdeutschen hat sich damals nämlich gar nichts geändert. Die haben nur 'ne neue Postleitzahl bekommen und Carmen Nebel, mehr nicht. Letztlich hat man es doch kommen sehen, dass die Mauer fällt. Dagegen hätten die Westdeutschen doch Maßnahmen ergreifen können. Jetzt brauchen sie auch nicht mehr zu jammern. Sie hätten doch von der Westseite her die Mauer mit eisenbeschlagenen Spanplatten sichern können. Da hätten die Ossis aber gestaunt: 9. November, die Ossis hauen Löcher in die Mauer, denken, sie sind frei, und stehen vor einer Spanplattenwand. Auf der steht: »Nö, is nich. Drüben bleiben, Briefe schreiben!«

Das hättet ihr machen können, liebe Westdeutsche. Habt ihr aber nicht. Also: mitgehangen, mitgefangen. Euch wäre einiges erspart geblieben.

Zum Beispiel die Thüringer Rostbratwurst. Die hat doch den Imbiss-Markt komplett umgekrempelt! Das war eine richtige Wurstumvolkung, ein Wurstaustausch! Man kriegt ja heute auf dem Weihnachtsmarkt gar keinen deutschen Döner mehr zu kaufen!

Hättet ihr die Grenze mal mit Spanplatten gesichert. Dann wärt ihr schön unter euch geblieben, mit Friedrich Merz, Uli Hoeneß, Horst Seehofer und Alexander Gauland. Der ist ja zu euch rübergekommen, bevor die Mauer stand. Aus Karl-Marx-Stadt ist er abgehauen, 1957. Wir haben gewartet, bis der weg ist, dann haben wir die Grenze hochgezogen. Das konntet ihr wirklich nicht verhindern.

Nun müsst ihr an jedem verdammten 3. Oktober bis in alle Ewigkeit »Über sieben Brücken musst du gehen« hören. Und »Wind of Change«. Dieser Plombenzieher aus Hannover wurde mittlerweile so oft im Radio gedudelt, dass ich vor lauter Zugluft schon einen steifen Hals habe.

Wessis, ihr seid doch selbst schuld, ihr habt nichts unternommen, nichts!

Ihr habt damals am Donnerstag, dem 9. November 1989, lieber zu Hause auf dem Sofa gesessen und im ZDF schön den Großen Preis geguckt, mit Wim Thoelke – und weil ihr dabei sitzen geblieben seid, habt ihr später dann den großen Preis bezahlt!

Also: Hört auf zu jammern!

Sonst müssen wir Ossis euch auch noch zeigen, wie man DAS richtig macht.

NACH WEM KOMMT DAS KIND?

Aber nun mal Schluss mit diesen ollen Kamellen. Reisen wir zurück in die Gegenwart, wo wir viele Ostdeutsche vorfinden, die mit Westdeutschen verheiratet sind. Und umgekehrt. Viele glückliche Ehen haben die Wiedervereinigung auch auf privater Ebene letztlich zu einer Erfolgsgeschichte werden lassen, in der die Vergangenheit überhaupt keine Rolle mehr spielt. Oder doch?

Spielen wir mal Mäuschen und hören einem Ehepaar zu, das über ein nicht aufgeräumtes Kinderzimmer diskutiert.

Mutter: »Der Junge räumt sein Zimmer nicht auf. Seit zwei Tagen sage ich ihm das, und er sagt dann, er macht's. Aber er macht's nicht!«

Vater: »Ja, er kommt nach dir. Ihr Wessis könnt immer nur reden. Deswegen gibt's auch so viele Talkshows. Ihr produziert da tonnenweise heiße Luft, und dann wundert ihr euch über den Klimawandel!«

Mutter: »Ja, und du? Du beschwerst dich in einer Tour über die Zustände. Aber mir mal vormachen, wie es besser geht, kannst du auch nicht. Du kannst nur jammern. Jammern, jammern, jammern. Und sich selber leidtun. Typisch Ossi.«

Vater: »Völliger Mumpitz! Ich weiß wenigstens konkret, worüber ich mich beschwere. Aber euch geht's ja nur ums Reden. Und damit das besser klingt, nennt ihr das Empathie. Und wenn wir Ossis nicht so reagieren, wie ihr euch das vorher ausgemalt habt, kriegt ihr einen hysterischen Anfall.«

Mutter: »Ich kann nichts dafür, ich habe eine Schilddrüsenüberfunktion! Warum hast du mich eigentlich geheiratet?«

Vater: »Naja, irgendwer muss doch die Einheit vollenden.«

Mutter: »Reicht es nicht, wenn Peter Maffay das macht, mit seiner neuen Ische aus Halle? Dieser blutjungen Lehrerin? Deren Vater noch in die Windeln gekackert hat, als Peter Maffay schon zum vierten Mal verheiratet war?«

Vater: »Was soll denn jetzt dieser Maffay-Vergleich? Als ob alle Ossis pausenlos Peter Maffay hören! Oder soll das 'ne Anspielung auf meine Körpergröße sein?«

Mutter: »Nee, du bist definitiv größer als Peter Maffay. Der wird ja immer kleiner, weil er ständig singt: ›Und wenn ich geh, dann geht nur ein Teil von mir.‹ Aber noch mal die Frage: Warum hast du mich geheiratet?«

Vater: »Damit ich mich wieder fühle wie damals in der DDR. Überwacht und gemaßregelt.«

Mutter: »Das musst du gerade sagen. Wer kontrolliert denn immer den Mülleimer, holt die Tetrapacks wieder raus und zeigt mir, wie man die richtig zusammenfaltet, weil das platzsparender ist?«

Vater: »Stimmt ja auch! Man muss die plattmachen vorm Wegschmeißen! Deckel aufdrehen, Seitenlaschen abreißen und hochfalten, Luft rausdrücken, das Ding platt pressen und JETZT den Deckel drauf und fest zudrehen! Dann kriegt man viel mehr in den Mülleimer rein! Aber das weiß man natürlich nicht, wenn man studiert hat, so wie du!«

Mutter: »Hört hört, da spricht die Arbeiter- und Bauernklasse. Ist das eigentlich was Genetisches, diese gegenseitige Anziehungskraft von Ossis und Altstoffen? Und dann kontrollierst DU auch immer überall, ob das Licht aus ist!«

Vater: »Ich mach das für die Umwelt! Greta und so! Licht spart Strom, wenn's aus ist! Aber das kannst du ja nicht wissen, weil ihr Wessis so verwöhnt seid. Überall Rolltreppen, überall Fahrstühle, überall Bewegungsmelder. War das schlimm nach dem Krieg, als ihr das Licht noch selber ausschalten musstet, da hattet ihr wochenlang Muskelkater in der Fingerkuppe! Aber in unserer Wohnung gibt's keine Bewegungsmelder, darum lässt du das Licht überall brennen! Und ich mach's aus. Wer macht also wieder die Drecksarbeit, die du nicht machen willst? Der Ostdeutsche, wie früher!«

Mutter: »Ossis und umweltbewusst? Ha! Ha! Ha! Die Ossis wählen ja nicht mal die Grünen! Weil sie Angst haben, dass Robert Habeck ihnen ihre schönen fetten Autos wegnimmt und autonome Müslikommandos losschickt, um die schönen neuen Umgehungsstraßen in die Luft zu sprengen! Ihr hasst doch alles, was grün ist. Darum sprecht ihr Salat grundsätzlich falsch aus. Das heißt SALAAAT, nicht Sallllat. Und auch nicht Spinnnat. Und was das Kind angeht: Ich mach wenigstens nicht so einen Druck wie du. Bei mir kann das Kind Kind sein. Er wird kein Systemling, so wie du einer warst.«

Vater: »Ha! Das ist ein gutes Stichwort. Wenn hier jemand Systemling ist, dann ihr Autofahrer. Wir haben in unserem System damals nur so getan, als ob wir den Silberrückenkommunisten da oben ihre Parolen abkaufen. Aber wenn der Autofahrer dem heutigen System ganz konkret ein Auto abkauft, dann kauft der das Auto ja wirklich. Und schon hängt er drin im System: Versicherung, Steuer, ADAC, Ölwechsel, Duftbaum, Motorwäsche, Aussaugen, Reifendruck, Tanken, Tanken, Tanken, Parkschein, Parkschein, Parkschein, Staumeldung, Staumeldung, Staumeldung! Und ich darf mir dann immer anhören: ›Öh, sorry, dass ich zu spät komme, ich hab im Stau gestanden.‹ Ja, denn du bist der Stau! So ein Auto ist doch nur dafür da, den Besitzer abzumelken. Und der merkt es nicht mal! Übrigens: Die meisten Autos bei uns in der Straße wurden gekauft, weil vor dem Haus 'ne Parklücke frei war. Und damit der doofe Nachbar die nicht kriegt, kauft man sich selbst ein Auto und stellt es da rein. Wenigstens haben WIR kein Auto!«

Mutter: »Ja, das ist dein verdammter kommunistischer Einfluss! Der hat schon richtig auf mich abgefärbt. Mein Sohn hingegen ist ein Freigeist, der ist kreativ!«

Vater: »Ach, so nennst du das? Das ist keine Kreativität, was der an den Tag legt, das ist Komplettversagen! Wenn der Junge kreativ wäre, dann könnte man auf seinen selbstgemalten Tuschebildern was erkennen. Mal eine Wiese, einen Baum oder einen Menschen. Was ich da sehe, sind brennende Stumpen und zerstreute Einzelteile. Das sind fragwürdige Fantasien eines Psychos, der nicht malen kann, weil er sich an beiden Händen die Finger zusammengetackert hat! Ohne Betäubung. Weil er mal wissen wollte, WIE DAS IST! Dieses Kind ist nicht kreativ, es ist unsicher. Es gibt heute Schwule, Lesben, Heteros, Transmenschen und Ostdeutsche. Jeder von denen weiß, was er will. Dieses Kind weiß es nicht! Es kommt nach dir, es ist ein Wessi! Sowas ist man, das kriegt man nicht mehr weg, nicht mal mit Fleckentferner.«

Mutter: »Na super, in Feindpropaganda wart ihr Ossis immer schon gut. Kein Wunder, wenn man aus einem totalitären System kommt. Immer schön trotzig sein, immer unfreundlich, und immer die Hand beißen, die einen füttert! Wie dein Sohn. Wenn der kein Ossi ist, dann weiß ich auch nicht.«

Vater: »Was soll das denn heißen? Wenn wir nicht gewesen wären, wär's euch nie so gut gegangen im Westen. Wer hat denn die Einzelteile für Ikea hergestellt? Und eure Kühlschränke? Wer hat denn euren schönen Quelle-Versand versorgt? Wir haben euch sogar unsere Pflastersteine verkauft, wir haben unsere Straßen dafür aufgerissen, damit ihr schöne urige Garagenauffahrten habt! Damals machte im Osten ein guter Spruch die Runde: ›Ach wär ich doch ein Pflasterstein, dann könnt ich schon im Westen sein.‹«

Mutter: »Ihr habt uns was verkauft? Eure Pflastersteine??? Eure Substanz, euren Körper quasi? Kein Wunder, dass euer komisches Land zusammengebrochen ist, wenn ihr das Fundament rausreißt.«

Vater: »Ach komm, wer hat euch sogar euren Müll abgenommen? Und eure Westkacke auf Sickerwiesen rund um Ostberlin verstreut? Das waren doch wir im Osten!«

Mutter: »Was? Wir haben euch unsere Kacke …? Aber wir haben euch immerhin harte Währung für unsere Scheiße gegeben! Westkohle für Westkacke. War ein fairer Tausch.«

Vater: »Nee, nee, nee, das Geld haben nicht wir gekriegt, das hat die SED kassiert. Wandlitz, Honecker, das war Sani-Unfair!«

Mutter: »Ah, da haben wir's wieder. Ihr Ossis seid lustig: Erst rockt ihr für ein bisschen Westgeld das eigene Land runter, und hinterher suhlt ihr euch in Selbstmitleid und Opferkult. Typisch Deutsch! Mein Sohn ist anders, der ist Europäer!«

Vater: »Ja, da hast du ausnahmsweise mal recht. Der ist temperamentvoll wie ein Spanier, hinterhältig wie ein Italiener, verfressen wie ein Franzose, untreu wie ein Ungar, eigenbrötlerisch wie ein Tscheche, und er kann nicht mit Geld umgehen wie ein Grieche.«

Mutter: »Und du bist ausländerfeindlich, typisch Sachse!«

Vater: »Ich bin kein Sachse, ich bin Sachsen-Anhalter, du Wessi-Montessori-Muschi!«

Mutter: »Ich bin kein Wessi, du Ossi-POS-Prolet, ich bin Westberlinerin!«

Vater: »Hä? Wo is'n da der Unterschied?«

Mutter: »Na, für mich ist Westdeutschland Westdeutschland, obwohl ich nicht Ostdeutschland bin.«

Vater: »Hä? Verstehe ich nicht.«

Mutter: »Das verstehen auch nur echte Westberliner. Wir sind ein Sonderfall.«

Vater: »Das stimmt! Massiv verschuldet, kalter Entzug von jahrelangen Subventionen, säufst auf offener Straße Bier, brauchtest jahrelang nicht zur Armee und theoretisch hast du einen ganz tollen Flughafen.«

Mutter: »Stimmt, als die Mauer noch da war, konnte ich wenigstens über euch drüber fliegen. Jetzt muss ich durch euch durch. Ostdeutschland ist immer um mich rum. Nur dass ich jetzt um Mitternacht leider nicht mehr sagen kann: ›Ich muss jetzt gehen, ich habe nur einen Tagesschein.‹ Ach, egal. Willst du ein Bier?«

Vater: »Ja, gerne. Was haben wir da?«

Mutter: »Radeberger.«

Vater: »Wäh, geh mir weg damit! Seitdem es das immer gibt, schmeckt's nicht mehr. Haben wir noch Augustiner?«

Mutter: »Ja, zwei Flaschen sind noch da.«

Vater: »Ein Glück: Ohne Bayern hätten wir gar nichts mehr zu lachen, denn: Wenn man in ein Tempo schnäuzt und das mit Leberkäse kreuzt, kommt dabei etwas heraus, das sieht wie Markus Söder aus.«

ICH BIN DER LICHTNAZI

Als die USA unter ihrem Präsidenten Donald Trump aus dem Pariser Klimaschutzabkommen ausstiegen, fiel mir auf, dass in meiner Straße diesen Schritt auch schon viele vollzogen haben. Das sehe ich ihren großen Autos an.

Der Meeresspiegel steigt - wir bauen die Autos höher. Soll noch mal einer sagen, wir tun nix. In meiner Straße stehen ja gar nicht mal mehr viele SUVs, da stehen immer mehr richtig fette Jeeps. Und immer mehr PickUp-Trucks. Offenbar wohnen in meiner Straße viele Förster.

Vielleicht lag ich all die Jahre falsch. Ich beziehe seit mehr als zehn Jahren Ökostrom. Ich besitze seit zwanzig Jahren kein Auto mehr. Ich fahre Fahrrad, ich fahre Bus. Ich fahre Deutsche Bahn - ich sag's noch mal: Ich fahre Deutsche Bahn! Ich fahre in Berlin sogar S-Bahn! Ich habe dadurch Jahre meines Lebens verloren! Wenn mich meine Kinder mal fragen, was ich damals gemacht habe, um die Welt zu retten, sage ich: »Ich habe auf die Berliner S-Bahn gewartet. Seid froh, dass ich zwischendurch mal dazugekommen bin, euch zu machen!«

Neulich hatte ich einen Alptraum. Einen schlimmen Alptraum! In diesem Traum bin ich nach Neuseeland geflogen, um dort im Supermarkt Äpfel aus Südtirol zu kaufen. In der Realität kaufe ich die Äpfel aber im Biomarkt. Ich habe geerbt, ich kann's mir leisten. Diese Bio-Äpfel sind VON HIER! Die sind manchmal auch schrumpelig. Und haben Wurmlöcher. Die haben dann eine Haut wie Hundertjährige, denen man die Piercings rausgedreht hat. Die haben manchmal auch kleine braune Flecken. Auf diese braunen Flecken rede ich immer beruhigend ein. Weil ja in den braunen Flecken die besorgten Bürger wohnen. Weiß man doch. Mit denen soll man immer reden. Ich rede also im Bioladen mit Schrumpel-Äpfeln.

Die anderen korrekten Menschen im Bioladen halten mich schon alle für bekloppt. Auch weil ich für die Äpfel nie eine Tüte nehme. Keine Plastiktüte, weil Plastikmüll im Meer, und keine Papiertüte, weil auch schlechte Ökobilanz. Ich kaufe die Äpfel lose. Die Bioladenmitarbeiter müssen meine Äpfel immer auf dieser Scannerwaage umarmen, weil die freilaufenden Kuscheläpfel sonst in alle Richtungen runter-rollen wollen. Die Kassenkraft haut immer schon ab, wenn der gestörte Apfelflüsterer um die Ecke biegt.

Ich fliege nicht, ich esse kaum Fleisch. Weil ich nämlich auf Instagram gesehen habe, wie Dieter Bohlen Fleisch grillt. Und wenn Dieter Bohlen Fleisch grillt, ist das der beste Grund, keins mehr zu essen.

Ich habe gelernt, mir beim Tofu-Essen Durchhalteparolen vorzumurmeln: »Tofu ist Bohnenkäse. Das ist Bohnenkäse. Hab ich bei Wikipedia gelesen. Bohnenkäse klingt gut. Wenn man sich das einredet, ist Bohnenkäse ein gutes Wort. Bohnenkäse, hmmmmm!«

Aber das macht ihn auch nicht leckerer. Darum habe ich gelernt, Tofu so lange zu kauen, bis er nach Kartoffelschalensuppe schmeckt!

Ich nutze wiederaufladbare Batterien, um die total verkorkste Energiewende zu retten, indem ich den Strom, der wegen fehlender Stromkabel nicht von den Nordsee-Windrädern in den Süden abtransportiert werden kann, bei mir in der Wohnung zwischenspeichere. Die ganze Bude ist voll mit wiederaufladbaren Batterien, ich habe mich verschuldet für wiederaufladbare Batterien! Jede aufgeladene Batterie kommt in eine Küchenuhr rein. In der ganzen Bude hängen bei mir Küchenuhren, die wie eine Horde Spechte an die Wände hämmern. Und darum weiß ich: Es ist fünf vor zwölf!

Ich mache auch überall das Licht aus. Spart Strom. Wir haben Fenster, da kommt genug Licht rein, von der Straßenlaterne. Meine Kinder rufen mich nicht Papa, sondern Lichtnazi. Sie rennen nur deshalb nicht mit Anlauf gegen die Wand, weil sie wegen der finsteren Wohnung vergrößerte Pupillen haben. Außerdem: Ich habe jahrelang Krombacher gesoffen, um den Regenwald zu retten. Günther Jauch hat mir das gesagt, und wenn Günther Jauch mir was sagt, dann mache ich das auch! Wegen der ganzen Sauferei habe ich übrigens seit zwanzig Jahren kein Auto mehr. Und keinen Führerschein. Und ich darf kein Blut mehr spenden. Aber ich habe das viele Bier gern weggeschluckt. Für den Wald da drüben! Jetzt haben die bekloppten Brasilianer zwischendurch einen rechten Baumhasser gewählt, der meinen ehrlich ersoffenen Wald abgefackelt hat. Was war denn da los???!!! Mein ganzer Umweltschutz war komplett für die Tonne! Oder ist es weiterhin!

Da hätte ich ja von Anfang an auch ein Böser sein können. Dann sähe die Welt jetzt keinen Deut schlechter aus! Ich hätte meine ganze Stromversorgung zu Hause von vornherein mit einem Dieselgenerator betreiben können. Mit Auspuff in die Wohnung REIN. Denn Dieselabgase sind ja sauberer als Büroluft, sagen die doch immer in die Kamera, diese Sachverständigen, wie heißen sie noch mal? Ach, egal. Je weniger Schnee im Winter liegt, umso mehr Alternativspezialisten behaupten, dass ich mir das nur einbilde.

Ich hätte also alles genauso machen können wie alle anderen auch.

Hab ich aber nicht, ich Depp. Ich hab all die Jahre mit meinem egoistischen Umweltschutz alles falsch gemacht!

Und das auch noch alleine.

Denn: Es macht ja keiner mit!

Oder etwa doch?

DER DRUCKER IST KAPUTT

Mein Drucker ist kaputt. Ich gehe selbstverständlich davon aus, dass er repariert werden kann. Er ist kein Smartphone und kein Flatscreen, er ist ein Gerät.

Ich bin noch mit einem Fernsehgerät aufgewachsen. Das hieß nicht nur Gerät, es war ein Gerät. Hauptsächlich haben wir dieses Fernsehgerät, in dem viele warme Röhren steckten, damals zum Heizen benutzt. Wenn man eine Hand ganz sanft über die Bildröhre gleiten ließ, knisterte das Gerät auch warm und wohlig wie ein Kaminfeuer. Und wenn das Fernsehgerät mal kaputt war, schraubte mein Vater die Rückwand ab, ersetzte ein kaputtes Einzelteil durch ein neues Einzelteil, und das Fernsehgerät konnte wieder unsere Wohnung heizen.

Nun bin ich in dem Alter, in dem damals mein Vater war, und mein Drucker ist kaputt. Ich bin allerdings überhaupt kein bisschen so begabt wie mein Vater. Also rufe ich bei einem Druckerreparaturdienst an und frage, ob mein Drucker repariert werden kann. Der Mann am Telefon fragt mich, wann ich den Drucker gekauft habe.

Ich antworte: »Hä?«

Gut, er fragt mich, ob ich mich erinnern kann, wann ich den Drucker gekauft habe.

Nein! Ich kann mich nicht mehr erinnern, an welchem Datum und zu welcher Uhrzeit ich meinen Drucker gekauft habe. Obwohl man als Middle Aged Digital Native das Datum des Druckerkaufs eher auf der Pfanne haben sollte als den eigenen Geburtstag. Ich dummes Vieh hätte mir das ja mal merken können. Ich schäme mich sehr für den Anruf. Ich denke wohl, ich kann die aktuelle Technik über ihr Verfallsdatum hinaus nutzen, was? Länger, als es gedacht war?

Wann ich den Drucker gekauft habe, fragt der gute Mann. Weiß ich doch nicht! Der Mann am Telefon stöhnt. Dann will er wissen, wie der Drucker heißt. Was weiß ich? Claudia? ICE 651? Oder Drucker Nummer sieben, weil es schon der siebente ist, den ich im Laufe meines noch blutjungen Lebens in meine Wohnung geschleppt habe? Es ist ja so: Im Elektromarkt erwählt man sich einen Drucker. Was man dann bekommt, ist ein riesengroßer Karton mit den Maßen eines Kühlschranks. Den transportiert man, wenn man keinen Kleinlaster besitzt, mit dem Bus, oder noch dämlicher: auf dem Gepäckträger des Fahrrads zu dem Haus, in dem man wohnt. Dort schleppt man das Monster in den vierten Stock. Man öffnet den Karton, schaltet die Grubenlampe auf dem Kopf an und steigt untertage. Als Erstes holt man Styropor aus dem Schacht. Das hat man zwar nie gewollt, hat es aber mitgekauft. Jetzt schneit es in der Wohnung. Irgendwann stößt man auf eine durchsichtige Plastiktüte. In dieser steckt der Drucker. Man zieht ihn mühsam aus der Kiste, stellt ihn in der Nähe des Computers auf und verbringt die folgenden Tage mit der Installation des richtigen Treibers. Nach schätzungsweise vier Tagen ist man sechzig Jahre älter, kennt die Begriffe »Unterverzeichnis« und »PlugIn«, findet blind die Systemsteuerung und hat nervöse Schlafstörungen, wenn man nicht täglich ein Update macht.

Aber zurück zum eigentlichen Problem: Wie heißt der Drucker? Ach so, ich soll draufgucken auf den Drucker. Ich kann nichts sehen. Ich muss den Staub mit dem iPhone zur Seite wischen. Krass, was die Dinger alles können!

Warum ist der Drucker so verstaubt? Weil ich ihn schon lange nicht mehr benutzt habe. WEIL ER KAPUTT IST! Vielleicht war er ja schon kaputt, bevor ich ihn gekauft habe. Hätte ich bei Saturn wohl besser mal einen Probeausdruck machen sollen, damals.

Dialog mit meinem toten Opa, der noch vor dem Zusammenbruch der DDR gestorben ist. Opa war Drucker.

Ich: »Opa, ich habe mir einen Drucker gekauft.«
Opa: »Einen Arbeitskollegen? Wie das? Und wo?«
Ich: »Mit meiner EC-Karte. Bei Saturn.«
Opa: »Weltall?«
Ich: »Erde, Mensch!«
Opa: »WC-Karte?«
Ich: »Nein! WC-Karte ist ein Sanifair-Bon, Saturn ist ein Radiogeschäft, wo man telefontaugliche Katzenfotofernseher kaufen kann, mit denen man über WhatsApp Telegramme verschickt. Aber eigentlich ist das alles zu kompliziert, um es dir noch zu erklären. Hat außerdem keinen Sinn, du bist ja schon tot.«
Opa: »Ein Glück!«

Da fällt mir wieder ein, dass ich mit ziemlicher Sicherheit weiß, dass ich diesen Drucker NACH dem Zusammenbruch der DDR gekauft habe. Das war doch gerade eben erst. Er ist also so gut wie neu! Der ist nicht alt. Alt ist was anderes. Meine Mutter. Die hat eingeweckte Pflaumen, die sind alt! Die sind aus einer Zeit, als es die Druckerfirma noch gar nicht gab! Wir konnten noch einwecken in der DDR. Wir haben vierzig Jahre lang eingeweckt. Bis uns Gorbatschow aufgeweckt hat. In jedem einzelnen Pflaumenglas meiner Mutter hat sich mittlerweile so viel Druck aufgestaut, dass es sofort in die Luft geht, wenn man's schief anguckt. Echtes Pegida-Kompott. Das ist nicht mehr nur Notvorrat, das ist Zivilverteidigung.

Wie komme ich jetzt auf Druck? Der Drucker! Wie heißt er? Epson heißt das kaputte Drecksteil. Steht jedenfalls drauf.

Mir fällt ein: Geplante Obsoleszenz nennt man das. Hab ich in einer Arte-Doku gesehen. Jeden Dienstag um 20.15 Uhr sendet Arte systemkritische Dokus. Man kann sie auch auf dem YouTube-Kanal von Arte angucken. Wenn man so eine Doku gesehen hat, will man sofort rausrennen auf die Straße und irgendwas anzünden. Seitdem ich dort mal eine Doku über geplante Obsoleszenz gesehen habe, weiß ich, was geplante Obsoleszenz ist. Geplante Obsoleszenz ist, wenn man etwas benutzen will, aber nicht mehr kann, weil es kaputt gegangen ist, eher als man dachte.

Das Brot schimmelt? Geplante Obsoleszenz.

Der Nagellack platzt ab? Geplante Obsoleszenz.

Man kann sich nicht mehr an den Hochzeitstag erinnern? Geplante Obsoleszenz.

Was reimt sich auf Demenz? Geplante Obsoleszenz.

Ein Standardbegriff aus dem Satzbaukasten eingefleischter Systemkritiker. Ich sage jedoch: Wenn so ein technisches Gerät exakt EINE Minute nach Ablauf der Garantiezeit planmäßig kaputtgeht, ist das ganz große Ingenieurskunst! Das muss man erst mal hinkriegen. Diese schöne Marktwirtschaft, die wir Ossis 1989 unbedingt wollten, um Colt Sievers endlich mal persönlich kennenzulernen, ist nun mal auf Wachstum, Wachstum, Wachstum begründet. Und woher soll's denn kommen? Sicher nicht davon, dass man seinen Drucker länger benutzt, als Cher lebt! Geplante Obsoleszenz muss sein. Damit unser schönes Wachstum nicht doll krank wird. Und ein bisschen schäme ich mich jetzt auch, dass ich den Drucker so lange benutzt habe, bis er ganz ausgeleiert war. Ohne darüber nachzudenken, welchen Schaden ich damit anrichte. Ein Wunder, dass man einen Querulanten wie mich noch nicht eingebuchtet hat.

Manchmal im Traum bekomme ich einen Anruf aus dem Ministerium für Wirtschaft, Soziales und Sachzwang: »So, Herr Heinrich. Sie haben diesen Drucker, der Ihnen für eine befristete Zeit gegen eine ›Kaufpreis‹ genannte

Nutzungsgebühr zur Verfügung gestellt wurde, sehr viel länger benutzt, als es Ihnen gestattet war. Obwohl Sie genau wissen, dass man sich einen neuen Drucker kaufen soll, wenn die Patronen alle sind. Ist doch auch viel billiger, Sie Depp! Sie haben den Kindern auf der Elektroschrotthalde in Afrika die Arbeitsplätze gefährdet. Was wollen Sie von unserer sozialen Marktwirtschaft? Kindergeld? Arztbehandlung? Rente? Können Sie alles in der Pfeife rauchen, Sie schwuler Kommunist!«

Aber zurück zum Reparaturmann am Telefon. Nachdem er mir erklärt hat, dass mein Drucker nicht mehr hergestellt wird, dass keine Ersatzteile mehr dafür hergestellt werden und dass der Erdteil, auf dem sich die Herstellerfirma befand, letzte Woche im Meer versunken ist – der Mann am Telefon jedenfalls meint zu meiner Frage, ob ich meine circa sechzig auf Vorrat gekauften sauteuren original Epson-Druckerpatronen auch für aktuelle Geräte benutzen kann: »Äh, hahaha, huhu, ähm für Ihre, ich sach ma ›Tintenfässer‹ werden überhaupt gar keine Federkiele mehr hergestellt. Mit was für einem Gerät telefonieren Sie eigentlich gerade? Mit dem Waffeleisen? Wurde das Gespräch etwa von Hand vermittelt? Hahaha.«

Und mit den Worten: »Ich muss jetzt zurück in die Zukunft« hat er dann aufgelegt.

Habe den Vorfall nun in einer Kurzgeschichte verarbeitet. Weil ich sie nicht ausdrucken kann, werde ich sie, wenn sie jemand hören will, vom E-Book-Reader ablesen. Starre auf das Gerät und schäme mich. Es ist nämlich auch schon wieder drei Tage alt. Hoffentlich hält es bis zum Ende des Textes durch. Ohne kaputtzugehen.

Zwei Worte noch:

Geschafft.

Puh!

DAS CASTING

»Ok, wir losen das mit Schnick Schnack Schnuck aus!«, sagt meine Frau.

Ich starre sie erschrocken an: »Ich weiß nicht, wie das geht. Hab ich noch nie gemacht!«

Mir ist völlig klar, dass diese faule Ausrede im 21. Jahrhundert nicht mehr zieht. Denn mir wäre es durchaus möglich, schnell zu googeln, wie Schnick Schnack Schnuck funktioniert. Googeln ist besser als Volkshochschule. Googeln macht schlauer als jedes überbewertete Studium. Durchs googeln kann jeder Deutsche Virologe werden oder auch Bundesligatrainer. Man kann nach zehn Minuten googeln sogar seinen Kardiologen bei der Herz-OP anleiten!

Wenn man googeln will. Ich will jedoch gerade nicht, was meine Frau will. Sie will die Familienkrankenkasse wechseln. Ich halte das für übertrieben. Denn dann müsste ich mich mit irgendwelchen lästigen Vertragsdetails beschäftigen. Sowas ermüdet mich. Neue Dinge wie Schnick Schnack Schnuck zu lernen, ermüdet mich auch.

Ich sage ihr: »Wir hatten das nicht in der DDR – wir hatten ja nichts! Und ich bin die drei Jahrzehnte danach auch blendend ohne Schnickschnack ausgekommen!«

»Schnuck.«

»Was?«

»Egal! Das kannst du deinem Friseur erzählen! Ich sag euch, was ihr nicht hattet: Ihr hattet kein AIDS, kein Toffifee, kein Telefon und keinen Feiertag am 17. Juni. Aber ihr werdet doch wohl Schnick Schnack Schnuck gehabt haben!«

»Na, die mit Westverwandten hatten das sicher, vielleicht haben die das mal im Westpaket gekriegt, aber ich bin da nie rangekommen.«

Sie hält mir ihre Hand vors Gesicht: »Hör auf, mir Märchen zu erzählen! Dann also die Ostversion.« Sie fuchtelt mir mit den Händen vorm Gesicht rum. »Das hier ist Flugblatt, das ist Knast in Bautzen und das ist Freikauf in die BRD, und das« – sie hält sich die Nase zu – »das ist Kohlsuppe.«

»Aha.«

»Du verteilst Flugblätter, wanderst ab nach Bautzen, wirst freigekauft von der BRD, und im Auffanglager gibt's als Erstes Kohlsuppe zu essen.«

»Was ist Kohlsuppe bei Schnick Schnack Schnuck?«

»Ist die ultimative Enttäuschung. Stinkt die ganze Wohnung voll, und der Kohlgeruch geht sechzehn Jahre lang nicht mehr weg.«

»Und das entscheidet heute über Sieg oder Niederlage?«

»Nein, das schönste Geschenk entscheidet, wer gleich gewinnt!«, sagt sie.

Wie erwähnt: Meine Frau, also wir, wollen die Familienkrankenkasse wechseln. Beziehungsweise überhaupt eine gemeinsame Familienkrankenkasse finden. Wir stellten neulich überrascht fest, Kinder zu haben.

Und nun erwarten wir darum zwei Vertreterinnen unserer beiden Krankenkassen. Wir wollen rausfinden, in welcher Kasse wir familienversichert sein wollen. Warum immer nur den Mobilfunkvertrag wechseln? Oder den Supermarkt? Oder die Partei? Warum nicht permanent alles wechseln? Das nennt man Wahlfreiheit. Auch dafür bin ich '89 auf die Straße gegangen. Wie anstrengend! Was war ich doch naiv!

Wir haben einen Fragenkatalog vorbereitet.

»Und wir setzen die beiden wirklich an einen Tisch?«, frage ich.

»Klar – das ist ein freier Markt, hier herrscht Wettbewerb, dem müssen die sich stellen. Sollen sie mal schön um uns buhlen.«

Meine Chefin, äh, Frau legt eine Stoppuhr neben den Notizblock. Auf den hat sie eine Tabelle mit Fragen und Punktesystem gemalt. Es klingelt.

»Ah, Besuch!«, freut sich meine Frau.

»Guten Tag, Frau Bertram«, sagt die Frau vor der Tür.

»Guten Tag, Frau Bertram«, sagt meine Frau.

»Ich bin von der AOK«, sagt Frau Bertram.

»Ich bin von der Venus«, sagt meine Frau. Frau Bertram guckt irritiert.

»Kleiner Scherz«, sagt meine Frau, »na, kommen Sie mal rein.«

Gleich darauf klingelt es, aber anders.

»Ah, Besuch!«, freut sich meine Frau.

»Das ist die Klingel vom Hinterhauseingang, wer kann das sein?«, will ich wissen.

»Das wird die Frau Müller sein, von der TKK. Ich hab ihr den anderen Eingang genannt, weil die beiden erst hier in der Wohnung aufeinandertreffen sollen. Um Kartellabsprachen zu vermeiden.«

Der andere Eingang ist der frühere Lieferanteneingang unserer Berliner Altbauwohnung, durch den die Laufburschen ihre Besorgungen aus dem Kolonialwarenladen direkt in der Küche abladen konnten. So verhinderte man damals, dass die feinen Herrschaften, die hier mal wohnten, im eigenen Wohnungsflur vom Anblick eines mit Einkäufen vollgepackten proletarischen Hungerleiders erschreckt wurden.

»Guten Tag, Frau Müller«, stellt sich Frau Müller vor.

»Ich bin doch gar nicht Frau Müller!«, sagt meine Frau.

»Hahaha«, macht Frau Müller.

»Möchten Sie was trinken?«, fragt meine Frau.

»Ja, einen Kaffee, bitte«, sagt Frau Müller.

»Koffein? Am Nachmittag? Das ist aber ungesund!« Meine Frau kritzelt ein Kreuz in ihre Tabelle.

Das Kreuz steht für Minuspunkt.

Dann fragt sie: »Mit Zucker?«

»Ja, gerne!«, sagt Frau Müller.

Meine Frau macht noch ein Kreuz.

»Und Sie?«

Die angesprochene Frau Bertram ahnt offenbar, dass der Punktestand in der Tabelle darüber entscheidet, wer hier heute den Zuschlag bekommt, und sagt: »Nein, danke, ich möchte nichts.«

»Oh«, sagt meine Frau, »das ist doch aber sicher nicht Ihr erster Hausbesuch heute?«

»Nein, der siebente. Ich bin seit zehn Uhr unterwegs.«

»Jetzt ist es aber sechzehn Uhr«, erwidert meine Frau, »Sie müssen was trinken!«

»Nein, dann muss ich immer so viel aufs Klo!«, sagt Frau Bertram.

»Nichts trinken, nicht aufs Klo gehen – das ist aber ungesund!«, sagt meine Frau und kritzelt was in ihre Tabelle.

Gleichstand, schätze ich.

»So, dann dürfte ich Sie ins Wohnzimmer bitten.«

Beide Frauen müssen an den Stirnseiten des Wohnzimmertisches Platz nehmen. Quer über den Tisch hat meine Frau ein Bettlaken über eine Wäscheleine gehängt.

»Ist das nicht ein bisschen albern?«, frage ich sie leise.

»Nein, Sicherheitsmaßnahme. Die beiden bezeichnen sich gegenseitig als Mitbewerber, sind also Todfeinde. Wir müssen sie auf Abstand halten. Die sind mit Sicherheit nicht so friedlich wie die Biokartoffeln bei Edeka.«

»Hä? Verstehe ich nicht«, sage ich.

»Na, bei Edeka liegen die Biokartoffeln aus Ägypten ganz friedlich neben den Biokartoffeln aus Israel. Intifada? Fehlanzeige! Aus Scherz haben die bei Edeka schon ein kleines Zäunchen zwischen beide Sorten gebastelt, mit einem Tunnel drunter.«

Meine Frau setzt sich ans Ende des Lakens.

»Können Sie mir mal erklären, warum Ihre Institutionen ›Krankenkasse‹ heißen? Sie sagen, Sie sind für uns da. Aber: An einer Kasse muss man doch was bezahlen. An der Kinokasse, an der Supermarktkasse, überall. Sie sind eine Krankenkasse. Das klingt so, als ob man fürs Kranksein bei Ihnen zahlen muss! Geschwächt und dem Siechtum ausgeliefert, kassieren Sie einen auch noch ab! Das klingt ganz schön abschreckend, finden Sie nicht auch? Sie sollten mal die Bezeichnung ändern in ›Gesund-werden-Kasse‹ oder ›Heile-heile-Gänschen-Kasse‹, denn Krankenkasse ist grob irreführend! Und das sage ich Ihnen als kritische Verbraucherin, die weiß, dass ihr Konsumverhalten Einfluss auf die eigene Gesundheit, den Umweltschutz, faire Löhne und Menschenrechte hat! Kann ja sein, dass sich das seltsam anhört, aber ich musste das mal loswerden. So, jetzt geht's mir besser!«

Nachdem meine Frau diesen langen Satz beendet hat, reiche ich ihr zur Stärkung eine Scheibe Weizentoast, bestrichen mit Nutella, das es bei Aldi im Sonderangebot gab. Beide Frauen gucken, als ob sie einer Irren gegenübersitzen, die sich gerade umbringen will. Frau Müller rückt ihren Stuhl etwas mehr in Richtung Tür.

»Gut, dann haben wir das schon mal geklärt. Wir wollen nun rausfinden, bei welcher Kasse wir dann im Krankheitsfall weniger zahlen müssen. Setzen Sie sich bitte die Kopfhörer auf.«

Vor den Frauen liegen tatsächlich je ein Paar Kopfhörer.

»Du willst doch hier nicht etwa Ruck Zuck nachspielen?«, will ich wissen.

»Nein, ich will den beiden das letzte Mark-Forster-Album vorspielen. Die, die zuerst schreiend wegläuft, hat verloren.«

Verdammt, sie war an meiner CD-Sammlung und hat meine dunkle Seite entdeckt.

»War ein Scherz! Doch, ich hab mir ein Frage-Antwort-Spiel ausgedacht, das stark an Ruck Zuck erinnert. Wir wollen das Bestmögliche für unsere Familie rausholen!«

Meine Frau tippt Frau Bertram an, die daraufhin den Kopfhörer absetzt. »Eine Frage: Wie oft war Ihre Krankenkasse im Puff in Barcelona?«

»Das waren nicht wir. Das war die Hamburg-Mannheimer. Und das ist eine Versicherung. Und die war im Puff in Budapest. Und die heißt auch gar nicht mehr Hamburg-Mannheimer, damit die Leute das mit dem Puff in Budapest vergessen«, sagt Frau Bertram.

»Richtig!«, sagt meine Frau. »Nächste Frage: Wenn die Gewerkschaft der Flugbegleiter ›UFO‹ heißt, wie heißt dann die Gewerkschaft der Metzger?«

»Gicht? Mett?«, rät Frau Bertram.

»Äh, vielleicht«, sagt meine Frau. »Ich habe hier nur ›weiß nicht‹ erwartet, aber keine Gegenfrage. Sie können die Kopfhörer wieder aufsetzen.«

Meine Frau tippt Frau Müller an und kritzelt einen Strich auf ihr Blatt. Ein Pluspunkt für Frau Bertram.

»So, Frau Müller von der TKKG, hier kommt Ihre Frage.«

»Das heißt TKK!«

»Frau Müller, Sie sollen erst antworten, wenn Sie gefragt werden.« Zack, ein Kreuz in der Tabelle. Ein Minuspunkt für Frau Müller für altkluges Benehmen. »Wenn die Gewerkschaft der Schönheitschirurgen ›ZOMBIE‹ heißt, wie heißt dann die Gewerkschaft der Flugbegleiter?«

»Wie soll die heißen? ›ZOMBIE‹? Das höre ich zum ersten Mal. Seit wann brauchen Schönheitschirurgen eine Gewerkschaft? Die verdienen doch genug! Was sind das überhaupt für Fragen? Was soll das Ganze hier?«, fragt Frau Müller.

»Nein, Frau Müller von der TGV, hier hätten Sie antworten sollen, nicht fragen.«

Noch ein Kreuz.

»So, jetzt nehmen Sie beide bitte die Kopfhörer ab. Und – wie fanden Sie die Musik?«

»Markus Förster, meine Tochter mag den auch, das gefällt mir ...«, sagt Frau Bertram.

Zack, ein neues Kreuz. Zwei neue Kreuze. Drei!

Frau Müller sagt sicherheitshalber gar nichts.

»Egal«, sagt meine Frau, »was haben Sie uns denn mitgebracht?«

Beide Frauen packen getrennt voneinander ihre Prospekte, Faltblätter und Babykalender aus.

»Ist das alles?«, fragt meine Frau.

»ICH hab noch ein Babylätzchen dabei«, prahlt Frau Müller.

»Ich habe zwei Babylätzchen dabei!«, sagt Frau Bertram.

»Was steht denn da drauf?«, fragt meine Frau.

»Ich war ein sauberes Lätzchen!«

»Haben Sie nicht was Originelleres?«

»Man spielt nicht mit Essen!«

»Bäuerchen sucht Frau.« Frau Bertram hält ihr eben mit Edding beschriftetes Lätzchen in die Höhe.

»Hahaha. Es sieht so aus, als hätten wir eine Siegerin«, ruft meine Frau entzückt.

Die Frauen gucken sie hoffnungsvoll an.

»Sie wollen jetzt sicher wissen, wer von Ihnen den Zuschlag bekommt. Also, Sie werden von uns hören. Machen Sie ihr Handy nicht aus, wir melden uns. Vielen Dank für die Geschenke.«

Als die Frauen die Wohnung verlassen haben, frage ich meine Frau, ob es sich geil anfühlt, ein Arschloch zu sein.

»Nein. Aber ich kriege gerne Geschenke.«

»Das sind Geschenke für Babys. Wir haben kein Baby! Mehr.«

»Wir haben auch ein Bügeleisen. Das hast du mit in die Ehe gebracht, mein Freund. Und keiner von uns beiden bügelt! Mehr.«

»Naja, aber falls der Toaster mal kaputtgeht, könnte man mit dem Bügeleisen toasten.«

»Aha.«

»Was sagst du den Krankenkassenfrauen denn, wenn du sie anrufst?«

»Ich ruf die doch nicht an, ich bin doch nicht bekloppt, das kostet mich doch Geld. Ich warte, bis die mich anrufen.«

»Die werden dich nicht anrufen, so wie du sie hier behandelt hast.«

»Ich hab die so behandelt, DAMIT die mich nicht anrufen. Wir bleiben also bei unserer Krankenkasse, aber ich hab jetzt Lätzchen, die ich meiner Nichte schenken kann.«

»Ohne einen Cent dafür zu bezahlen.«

»Und nicht ohne Kompetenz verströmt zu haben. Denn wenn jetzt jeder Virologe sein kann und Verschwörungsaufklärer oder Wettervorhersager, dann kann ich auch hier bei uns in der Wohnung eine unabhängige Krankenkassensofortüberprüfung durchführen!«

»Die zu keinem Ergebnis führt«, wage ich zu bemerken.

»Aber zu Geschenken! Es lebe die Demokratie! Je stärker man sich engagiert, umso mehr springt für einen dabei raus.«

»Und wer besucht uns morgen?«

»Am Vormittag kommen drei DSL-Heinis, die verschenken Taschenlampen und, was ich besonders witzig finde, diese Kaffeedrückkannen. Weil man sich bei der Bandbreite hier bei uns einen Kaffee aufbrühen kann, während sich die Seite von ›Zeit Online‹ aufbaut.«

»Und wer kommt nachmittags?«, frage ich.

»Zwei Erdgasmenschen.«

»Unsere Heizung läuft doch aber mit Heizöl, und kochen

tun wir mit Strom!«, wundere ich mich.

»Das wissen die doch nicht. Und das ist mir auch egal. Alles, was ich will, sind die Gläser, die die mitbringen. Also der eine. Der andere hat Edelstahltrinkhalme dabei. Hab ich gegoogelt.«

»Trinkhalme? Wegen ›Erdgaspipeline‹ oder was?«

»Exakt, mein kleiner Kombinierer!«, lobt sie mich. »Auf dem einen steht ›Nordstream 1‹ und auf dem anderen ›Nordstream 2‹.«

»Darf ich die Herren dann was fragen, wenn ich denen ein Wasser anbiete?«

»Aber klar. Aber was?«

»Mit Gas oder ohne?«, kichere ich.

»Es ist immer gut, einen Komiker im Haus zu haben. Ich kann jetzt schon sehen, wie sich die beiden vor Lachen die Bäuche halten, weil sie diese Frage noch nie gehört haben! Naja, immerhin werden sie dann schnell wieder weg sein«, sagt sie.

»Und die Strohhalme und die Gläser gehören noch schneller uns«, freue ich mich, »fehlen nur noch Rohrzucker, Limetten und Rum.«

»Dafür wird wohl die neue Hausratversicherung aufkommen«, sagt meine Frau, »und zwar übermorgen. Alles andere regelt der Mark.«

»Forster?«

»Der Markt. Hab mich versprochen. Sorry!«

HEUTE KEINE KOFFERSPRENGUNG

»Wo ist unser Koffer?«, ruft meine Frau. Sie trägt dabei diesen Gesichtsausdruck. Diesen ganz bestimmten Gesichtsausdruck, den nur verheiratete Frauen draufhaben. Auf der Skala erwartbarer Gesichtsausdrücke von »Ooooh, ich liebe dich, du bist der tollste Mann der Welt!« bis »Was, deine Mutter kommt heute zu Besuch, und sie steht schon vor der Tür?« ist ihr aktueller Gesichtsausdruck eine Stufe vor letzterer, also auf dem Level »Du hast nachts besoffen auf Instagram deine Bauchnabelfusseln gepostet? Und dich hab ich geheiratet?«

Diesen Gesichtsausdruck trägt sie gerade. Ich rekapituliere kurz: Ich habe nicht besoffen die Fusseln aus meinem Bauchnabel gepostet. Ich habe im Bauchnabel keine Fusseln. Und wenn doch, würde ich die nie posten. Weiterhin steht meine Mutter nicht klingelnd vor der Wohnungstür. Hier ist gar keine Wohnungstür. Wir befinden uns seit Stunden in einem Schrebergarten, draußen im Freien am Rand von Potsdam.

Kurz nach fünfzehn Uhr lud uns mein Schwager am schönen Potsdamer Shopping-Hauptbahnhof in sein Auto, um uns und unser Familiengedöns hierhin zu fahren. Und jetzt, nur zweieinhalb Stunden später, fällt uns auf, dass wir unseren Koffer brauchen. Weil wir da was rausholen wollen. Aus dem Rollkoffer, der vorhin mit uns in der S-Bahn nach Potsdam gefahren ist. Wo der Koffer ist, will meine Frau wissen.

Ich antworte: »Hä?«

Der Koffer sei nicht im Auto, sagt sie. Mein Schwager habe ihn auch nicht eingeladen, sagt er.

Wir haben den Koffer also am Hauptbahnhof in Potsdam stehen lassen. Drei Erwachsene haben es verpeilt, einen einzigen Koffer in ein Auto einzuladen. Vielleicht, weil die drei

Erwachsenen zwei Kleinkinder dabeihatten und damit überfordert waren.

Auf jeden Fall ist das jetzt nicht so gut, denn im Koffer befindet sich so ziemlich alles, was wir und die Kinder für zwei Übernachtungen brauchen. Wunderbar. Ich mache das Naheliegende: Ich google »Potsdam Hauptbahnhof Sperrung Koffer Sprengung«.

Nichts.

Aha. Sonst steht das doch immer sofort da, wenn irgendwo ein Koffer rumsteht. Damit die ganze Republik Angst vor einem Koffer hat. Wir haben doch hier im Land eine gefährdete Sicherheitslage. Überall sind Terroristen unterwegs, permanent werden Leute in Hinterhalte gelockt, entführt, ausgeraubt, islamisiert, einen Kopf kürzer gemacht und danach abgeknallt. Oder umgekehrt. Auf jeder Landstraße, auf jeder Autobahn haben Freischärler und Bürgerkriegsmilizen Checkpoints errichtet. Das weiß doch jeder aus seiner Telegram-Gruppe. Man guckt ja schon ganz neidisch nach Syrien oder Mexiko, weil es in diesen Ländern trotz allem (Sonne, Hitze, Staub, blaue Bohnen) viel sicherer ist als hier. Aber jetzt frage ich Google »Potsdam Hauptbahnhof Koffer Explosion hallo?« Und Google sagt: nix.

Tja. Am Potsdamer Hauptbahnhof kann der Koffer also nicht sein.

Vielleicht ist Google News heute langsamer als sonst? Immerhin ist Samstag, es ist schönes Wetter, vielleicht sind die Google-News-Mitarbeiter alle im Freibad? Zur Sicherheit schaue ich bei Twitter nach, ob Beatrix von Storch was gepostet hat, die ist immer schneller als Google, die twittert schon, bevor der Selbstmordattentäter explodiert ist. Aber auch hier: nichts. Und das ist jetzt wirklich seltsam.

Die Tatsache, dass Beatrix von Storch nichts Hysterisches zu einem herrenlosen Koffer am Potsdamer Hauptbahnhof getwittert hat, beunruhigt mich. So weit haben sie mich schon!

Keine Koffersprengung. Weil: kein Koffer. Der Koffer ist weg. Verdammt!

Derweil googelt meine Schwester das Fundbüro und ruft die Nummer gleich mal an. Niemand hebt ab. Vermutlich findet im Fundbüro keiner das Telefon, haha.

»Gut, wir fahren da jetzt hin. Hilft ja nichts. Wir brauchen den Koffer.«

Eine halbe Stunde später sind wir am Bahnhof. Meine Nichte, mein Schwager und ich. Bevor wir das Auto ins Parkhaus fahren, passieren wir eine Sitzbank mit Potsdamer Trinkern drauf und danach die Stelle, wo uns der Schwager abgeholt hat. Könnte ja sein, dass der Koffer da immer noch steht. Ist aber nicht so. Da steht kein Koffer. Vielleicht stand er da auch nie? Vielleicht hab ich ihn bei McDonald's vergessen, wo ich dem Kind, nachdem wir aus der S-Bahn gestiegen waren, zur Beruhigung einen Cheeseburger gekauft habe. Wir fragen nach. Beim selben Verkäufer, der mich vor knapp drei Stunden bediente. Auf meine Frage, ob ich in seinem Laden eventuell einen schwarzen Rollkoffer vergessen hätte, setzt er einen grübelnden Blick auf und schickt eine Mitarbeiterin in diesen dunklen Raum hinter dem Tresen, wo vermutlich aus Langzeitarbeitslosen Chicken McNuggets hergestellt werden. So genau weiß man das aber nicht. Und man will es auch gar nicht wissen. Aber bekanntermaßen verschwinden ja ständig Leute aus der Arbeitslosenstatistik. Und tauchen nie wieder auf. Und keiner fragt sich, wo die hin sind.

Die Mitarbeiterin kommt zurück und hält eine braune Baseballkappe hoch, die vor Kurzem noch einem Menschen gehörte. Mich fröstelt es. Und dann setze ich einen grübelnden Blick auf. Es gibt viele Menschen, denen man ansieht, dass sie oder ihre Vorfahren nicht von hier sind, dass sie die hießige Sprache nicht auf Anhieb beherrschen. Das macht ja nichts. Aber diese beiden hier vor mir sehen so aus, als seien sie von hier. Und jetzt präsentieren sie mir, der nach einem Rollkoffer fragte, eine Baseballmütze. Entweder stumpfen die Arbeit bei McDonald's und der Aufenthalt in diesem McDonald's-Dunst mehr ab, als man glaubt. Oder aber die beiden sind doch nicht von hier und sprechen lediglich die McDonald's-Sprache, die nur aus den Menükomponenten und »Klein? Mittel? Groß? Ketchup oder Mayo?« besteht. Und das Wort »Rollkoffer« ist nun mal nicht dabei. Ergebnis: Ratlosigkeit auf beiden Seiten. Und kein Koffer.

Also ab zur nächsten Such-Station: dem S-Bahn-Servicepoint. Kann ja sein, dass ich den Koffer in der S-Bahn vergessen habe. Ein bulliger Brandenburger Bahnmitarbeiter nimmt sich meiner an. Nehme ich an. Und stelle meine Frage. Und ohne im Gesicht auch nur einen Muskel zu bewegen, dreht er sich um und läuft von mir weg. Ich folge ihm. Ich weiß, dass die Einwohner Potsdams laut Statistik zu den unzufriedensten Menschen Deutschlands gehören. Und jetzt folge ich gerade ihrem König. Dieses Gesicht hat zum letzten Mal gestrahlt, als Erich Honecker versprach, dass die Mauer auch in hundert Jahren noch stehen werde.

Der Mann mit dem Plattenbaugesicht sagt was, schnell stelle ich mich vor ihn, um mich in der Illusion zu wiegen, er spräche mit mir: »Vielleicht haben ihn die Reinigungsjungs gefunden und mitgenommen.«

»Ja, aber die S7 ist doch gleich wieder nach Berlin zurückgefahren, vorhin, da sind die doch gar nicht durch«, sage ich.

»Die S-Bahn wird hier immer gereinigt. IMMER!«, funkelt er mich an. Noch ein Wort, Freundchen, und du bist der Prellbock!

Jetzt haben wir die Reinigungsjungs erreicht.

»Jungs, habt ihr einen Koffer gefunden?«

»Nö.«

»Tja, also hier isser dann wohl nicht.«

»Und wenn ihn jemand anders gefunden hat?«

»Dann kommt der Koffer zu uns, bleibt zwei Wochen und landet dann im zentralen Fundbüro der Bahn in Wuppertal.«

»Wo?«

»In Wuppertal.«

»Wieso das denn?«

»Keine Ahnung, vielleicht haben die die Wende verschlafen.«

Das sagt jemand, der augenscheinlich die Wende, die Nachwende, den Tod von Lady Di, die Hochzeit von Elton John und die Insolvenz der SPD verschlafen hat. Aber: wieder kein Koffer.

Nächste Station Bahnhofsfundbüro. Wo keiner ans Telefon gegangen ist. Meine Nichte, mein Schwager und ich googeln, wo das Fundbüro ist. Hoffentlich finden wir das Fundbüro, haha.

Aha, da: Parkhaus Ebene 0, Einfahrt Babelsberger Straße. Da gehen wir hin. Das dauert ein bisschen, denn wir müssen durch den halben Bahnhof. Und zwar da, wo ein Kaufhaus ist, ein Kino, ein Teppichbodenparadies, ein Nagelstudio, ein Dönerladen, ein Eiscafé, ein Kaffeehaus und eine Drogerie.

»Was ist das denn – ein Dandy-Effekt?«, fragt mich meine Nichte.

»Hä? Ach so, du meinst den Laden da«, sage ich. »Du hast dich verlesen. Da steht ›Handy defekt‹. Dandy-Effekt wäre ein etwas säuischer Herrenduft von Axe gewesen. Aber Handy defekt? Vielleicht hauen die in dem Laden mit dem Hammer drauf, damit man das Ding mal zur Seite legt. Oder das ist ein Handyschuster, der das Ding mit neuer Schutzfolie besohlt. Aber so genau weiß ich das auch nicht. Meine Güte, hier gibt's ja wirklich alles zu kaufen!« Ich staune.

Warum hat man hier eigentlich Schienen verlegt, man braucht doch gar nicht wegzufahren. Hier gibt es alles, was man braucht! Kann man auch gleich dableiben. Und damit das auch viele machen, hält in dieser Landeshauptstadt nicht mal ein ICE. Nur wenn er sich verfährt oder wenn die Elbe wieder Hochwasser führt und der ICE über Magdeburg umgeleitet wird, eine andere Landeshauptstadt, in der er nie hält. Sonst stoppen hier in Potsdam nur die S-Bahn, einige Regionalverbindungen und gerüchtehalber ein Intercity. Und das, obwohl Günther Jauch hier wohnt! Da kommt man ja selbst aus Chemnitz besser weg.

So, wir sind angekommen, wo das Fundbüro sein soll. Das Fundbüro im Potsdamer Hauptbahnhof erkennt man daran, dass nicht dransteht, dass es das Fundbüro ist. Man erfährt, dass hier das Fundbüro ist, wenn man im Kabuff der Parkhausaufsicht nach dem Fundbüro fragt. Das Fundbüro hätten wir also gefunden. Aber nicht den Koffer. Denn hier ist er nicht. Und wenn er im Bahnhof gefunden worden sein sollte, würde er hier eh erst in zwei Tagen ankommen, weil er zwischendurch durch eine Art Koffer-Transferzentrum muss, bevor er Asyl im Fundbüro kriegt, erklärt uns der Fundbüromann im Fundbüro. Außerdem sagt er: »Sie müssen allerdings auch damit rechnen, dass jemand den Koffer geklaut haben könnte. Soll ja vorkommen, sowas.«

Verschwörerisch blinzelt er zum Abschied, bevor er das Rollo seiner Aufsichtskabine wieder runterlässt. Damit ihn keiner finden kann.

Eine Stunde Koffersuche ist rum. Meine Nichte, mein Schwager und ich spekulieren, was wir mit dem Koffer tun würden, wenn wir ein Kofferdieb wären. Wir spielen das durch wie FBI-Profiler.

»Also, ich würde mit dem Koffer auf irgendeine weitläufige Grünfläche hier am Bahnhof verschwinden. Ich würde mich dort hinter einer Hecke verstecken und den Koffer durchwühlen. Das Bargeld, die Diamanten, die Kreditkarten und die externe Festplatte mit den Bitcoins drauf würde ich einstecken, den ganzen unbrauchbaren Rest, also Kulturbeutel, Unterwäsche, Socken und so weiter würde ich ins Gebüsch schmeißen und schlussendlich meinen Darm darauf entleeren, um meiner abgrundtiefen Verachtung für die kleinbürgerliche Existenz des Kofferbesitzers Ausdruck zu verleihen«, sage ich.

»Genauso würde ich das auch machen«, sagt meine Nichte.

Wir suchen also die Grünflächen rund um die Nordseite des Potsdamer Hauptbahnhofs ab. Wir spähen durch die Lücken eines Bauzauns. Wir schleichen über die Gleise der S-Bahn. Wir spielen kurz mit dem Gedanken, im MediaMarkt eine Drohne zu kaufen, die wir fliegen und von oben suchen lassen. Der Koffer ist wohl weg. Resigniert kaufen wir uns Eis. Ich kaufe auch schon mal Zahnbürsten und Zahnpasta. Ich schaue mich auch nach Handtüchern um.

Eine Stunde später habe ich in allen Läden des Potsdamer Hauptbahnhofes einmal mit EC-Karte bezahlt. Jeder von uns dreien ist mit zwei Tüten beladen, wo alles Lebensnotwendige für zwei Übernachtungen im Schrebergarten drin ist. Noch ein letztes Mal, nur zur Sicherheit, checken wir den Platz neben den Fahrradständern, wo mein Schwager uns vor gefühlt einer Woche ins Auto geladen hat. Noch einmal schwenke ich mit dem Kopf rüber zu den Trinkern auf der Sitzbank. An denen wir vorhin mit dem Auto schnell vorbeigefahren sind. Und schwenke zurück. Und schwenke wieder hin. Irgendwas saugt meinen Blick an. Und zwar mein Schlafsack. Dessen Hülle ich über den Griff unseres Rollkoffers gehängt hatte. Den ich jetzt voll im Fokus habe. Weil der Rollkoffer neben den Trinkern an der Sitzbank steht.

Ich staune immer noch, wie schnell ich mit den Tüten in der Hand sprinten kann, während ich bereits in einer Staubwolke vor dem Rollkoffer abbremse, den Koffer schnappe und abzischen will. Doch rechtzeitig fällt mir ein, einen der verdutzten Trinker zu fragen, wie der Koffer hierher kommt: »Na, der stand da vorne am Fahrradständer rum. Den wollt-ick dem Wachschutz jeben, wegen Terrorjefahr, aber die wollten den Koffer nisch. Der Mann vom Wachschutz hat mir jesacht: ›Kannste behalten, den Koffer. Nimm mit, das Ding. Da haben wir weniger Arbeit.‹«

Das hat der Mann vom Wachschutz dem Trinker gesagt.

Ich gebe dem freundlichen Mann, der nach Bierblumen duftet, einen Geldschein. Damit er noch möglichst lange auf seiner Bank sitzen und Terroranschläge verhindern kann.

Und ich muss mich an dieser Stelle beim Wachschutz des Potsdamer Hauptbahnhofs bedanken. Für die Besonnenheit, die Lässigkeit, die sehr aktive Terrorangstignoranz, für die Barmherzigkeit gegenüber den Ausgestoßenen unserer Gesellschaft und dafür, dass ich unseren Koffer sehr viel schneller wiederbekommen habe, als wenn er in die Mühle aus bahneigenem Fundbüromechanismus und Stückgutrückgabekette gelangt wäre. Wenn ich ihn da überhaupt wiederbekommen hätte.

Darum meine Forderung: Gebt den Trinkern mehr Sitzbänke, denn sie geben auf uns acht!

Allerdings habe ich jetzt sechs volle Einkaufstüten mit Kram, den ich nicht mehr brauche. Ich frage den Mann, ob er das Zeug in der Shoppingmall im Bahnhof für mich umtauschen kann. Mit den Kassenbons. Das Geld kann er behalten. Zum Dank.

Nee, sagt er, auf keinen Fall, in diesen Bahnhof geht er nicht rein. Dort verschwinden immer Leute. Bei McDonald's. Die müssen dann da arbeiten, dürfen nichts trinken und verlieren den Verstand, sagt er. Da bleibt er doch lieber hier draußen sitzen und passt auf, dass nichts passiert.

Ich nicke ihm zu. Dank ihm und seinen Kumpels ist Potsdam Statistiken zufolge eine der sichersten Städte des Landes.

Und wer das nicht glaubt, der kann ja nach Mexiko oder nach Syrien ziehen.

Und wenn er für die Reise dorthin einen Koffer braucht, kann er ihn sich in Wuppertal holen.

DAS BIER VON MIR

»Es ist noch Bier übrig. Zwei bis drei von den Elferkästen. Und dann der zwanziger Kasten Schulle. Den Kasten Schulle hättste eigentlich gar nicht kaufen brauchen.«

Für alle Nichtberliner: Schulle ist Schultheiss-Bier. Und dass davon noch ein Kasten übrig ist, sagt mein guter Freund Heiko gerade. Am Telefon. Wir hatten wieder mal zusammen in seiner Wohnung Geburtstag gefeiert. Wir haben beide am selben Tag Geburtstag, liegen aber ein Jahr auseinander. Wir lagen sogar mal ein Land auseinander. Aber das ist seit über dreißig Jahren vorbei. Seitdem feiern wir gemeinsam am selben Tag. Und wie immer, seitdem wir gemeinsam feiern, weil wir am selben Tag Geburtstag haben, begrüßt mich Heikos Frau mit dem ehrlich erstaunten Satz: »Ach, sag bloß, du hast auch heute Geburtstag?«

Aus Heiko nörmelt es verhalten raus: »Deswegen feiern wir ja auch zusammen. Seit Jahren.«

Seit Jahren sagt er ihr das Gleiche. Weil sie mich seit Jahren jedes Mal an meinem Geburtstag das Gleiche fragt. Ich liebe Rituale. Und ich möchte, dass speziell dieses Ritual immer beibehalten wird. Und ich mache Heikos Frau auch gar keinen Vorwurf. Immerhin weiß sie, wie ich heiße. Damit bin ich völlig zufrieden.

Ich bin ein Ostdeutscher. Ich habe mich damit arrangiert, nicht ernst genommen zu werden. Und diese tiefe innere Überzeugung trage ich wie eine Auszeichnung, wie eine Trotz-Urkunde vor mir her. In meine mich selbst bemitleidenden Gedanken versunken bekomme ich nicht mit, wie Heikos Frau flüsternd fragt: »Wer ist das gleich noch mal? Woher kennst du den?«

Es ist bestimmt die fünfte oder sechste oder achte Geburtstagsparty, die wir gemeinsam feiern. Und es waren immer sehr schöne, sehr lange und sehr nachhaltige Feiern. Nachhaltig, weil man sich noch lange an sie erinnert hat. Weil man in der Regel erst drei bis vier Tage später wieder klar denken oder was schmecken und geradeaus gucken konnte.

Bei unserer Party waren allerdings schon mal wesentlich mehr Gäste anwesend als in diesem Jahr. Dabei sind die Einladungen schon vor Monaten per Mail rausgegangen. Ja, wir kennen noch Leute, die E-Mails lesen. Glauben wir. Aber wo sind die Leute? Sind sie alt, sind sie gebrechlich? Sind sie ausgewandert? Trauen sie sich mit ihrem Rollator nicht mehr in den barrierereichen Wedding? Haben sie ein Netflix-Abo, wollten sie einen Rekord im Bingewatching aufstellen als jemand, der alles, was Netflix an einem Tag hochlädt, in nur einem Jahr wegguckt? Sind sie darum mit dem Sofa verschmolzen? Sind sie dabei gestorben? Wie viele Serien werden eigentlich von Leuten geguckt, die gar nicht mehr leben? Haben sie Angst, draußen in der nordeuropäischen Saharasonne zu vertrocknen und in Flammen aufzugehen?

Sie sind ja auch alle älter geworden. Haben sie Kinder und deswegen keine Haare mehr? Und diesen Anblick wollen sie uns ersparen? Aber wir haben die Wohnung extra abgedunkelt. Wir verteilen sogar Papiertüten zum Über-den-Kopf-ziehen.

Zwei Tage nach der Party versuchen wir gar nicht erst, Erklärungen und selbstbetrügerische Ausreden für den vergleichsweise schwachen Zuspruch zu finden. Wir sind in sowas nicht erprobt, wir sind keine SPD-Politiker.

Wir sind abgeklärt, wir sind reif, wir sind wieder ein Jahr älter geworden. Vielleicht liegt es ja auch an uns. Wir sehen nicht mehr so knusprig aus wie früher. Wir haben Falten im Gesicht und metertiefe Kerben auf der Seele. Wir lachen nicht mehr so laut wie früher. Wir sind verbitterter. Wir sind wetterfühlig. Heiko ist grau geworden. Und ich höre nicht mehr so gut. Sagt jedenfalls meine Frau.

Außerdem sind wir jetzt langweilig. Wir kiffen nicht mehr, wir schmeißen keine Pillen mehr ein. Wir spritzen uns kein Heroin und wir hocken uns nicht mehr zugedröhnt aufs Hausdach, um den Sonnenaufgang über Berlin zu bejubeln. Wir essen jetzt Müsli und Superfood. Und dabei sitzen wir an einem Tisch. Und vielleicht schreckt ja die Summe all dessen die Eingeladenen ab. Vielleicht haben sie es einfach satt, uns beim Verfall zuzugucken. Beim Verrat unserer Ideale. Beim Bürgerlich-Werden. Und vielleicht bleiben sie deswegen daheim. Denn wenn sie all das sehen wollen, brauchen sie nur in den Spiegel zu gucken.

Wie auch immer. Zwei Tage nach der Party ist noch reichlich ungetrunkenes Bier da. Ich besuche Heiko, um einige der Flaschen zu mir zu holen. Ich verbrauche einiges an Bier. Es waren gerade Wahlen in Ostdeutschland, und da muss man ja immer schlucken.

Ich werde die Biere im Rollkoffer nach Hause fahren. Denn im Wedding, wo Heiko wohnt, falle ich mit einem Rollkoffer, aus dem es bei jeder Unebenheit klimpert, nicht auf. In einer Tasche auf Rollen bringt man hier im alten Arbeiterbezirk die Monatseinkäufe nach Hause. Man holt damit das Geld von der Bank. Man fährt damit den Hund Gassi. Mit einer großen eckigen Tasche auf Rädern fällt man im Wedding einfach nicht auf. Damit ist man Mainstream.

Ganz langsam und vorsichtig rolle ich mein Gelagegepäck über Pflastersteine und Bordsteine Richtung U-Bahn. Eine Station U6, dann umsteigen in die U9 Richtung Süden, nach Schöneberg, wo ich wohne. Dorthin, wo zu Hochzeiten der Berliner Industrie die Chefs der Menschen wohnten, die im Wedding als Knechte des entfesselten Gründerzeitkapitalismus ausgebeutet wurden. Die Fahrt aus dem Ghetto ins Villenviertel sollte mir ein Kinderspiel sein.

Dann stehe ich im Waggon, der Rollkoffer steht neben mir. In ihm lose aufeinandergestapelte Bierflaschen, die sich gläsern aneinander reiben. Selbstverständlich ohne irgendeine schützende Zeitung oder ein Handtuch dazwischen. Sowas könnte die Flaschen zwar vor Glasbruch bewahren, falls der Koffer umfällt, aber andererseits bin ich ein Mann. Hallo? Ich habe ja wohl den Durchblick, mir wird nichts passieren.

Ich greife zum Smartphone. Das macht man in der U-Bahn so. Man will ja nicht unangenehm auffallen. Ich muss erst mal irgendwas twittern. Was genau, ist egal. Hauptsache raus damit.

Die U-Bahn fährt an.

Der Koffer kippt um.

Schepper. Krach. Knirsch.

Ich fluche leise, irgendwas mit »Verdammter Vollidiot, du weißt doch, dass diese U-Bahn-Piloten allesamt verhinderte Kampfflieger sind, die unter Tage Angriffsflüge simulieren, wir sind noch nicht mal einen Meter gefahren, und schon isses passiert, warum hast du deinen verdammten Saufkoffer nicht einfach festgehalten oder mit dem Bein arretiert, dein blödes Getwittere interessiert außer dir selber eh niemanden, du wirst nie die Followerzahl von Sarah Bosetti erreichen, sieh das endlich ein, du gefallsüchtiger Loser!«

Schnell stelle ich den umgefallenen Rollkoffer wieder auf, es scheppert jetzt anders als vorher. Es rasselt. Ich rieche auch sofort, dass der Koffer jetzt riecht. Wie das Mikrofon des Sängers gegen Ende des Punkkonzertes. Und da suppt es auch schon aus dem Rollkoffer raus. Aus dem schönen dunkelblauen Rollkoffer, den ich vor zwei Monaten neu gekauft hatte. Unterm Koffer bildet sich eine schnell größer werdende Lache, die auch den anderen Leuten im Waggon nicht verborgen bleibt. Beifällige Blicke mustern diese Lache. Dann guckt man wieder weg. Lachen in der U-Bahn gehören zum Weddinger

Alltag. Urinlachen, die sich unter Männerhosenbeinen bilden, Blutlachen, die unter Erschossenen U-Bahn-Kontrolleuren wuchern, und Milchlachen, die am frühen Nachmittag nach den üblichen Schülermesserstechereien unter durchlöcherten Ranzen größer werden, pah! Dass es jetzt gerade allerdings aus einem schmucken kleinen modernen blauen Rollkoffer raussuppt, ist den Weddingern neu. Da guckt man schon mal eine halbe Sekunde länger hin. Bevor man gähnt.

Panisch fummele ich irgendwie mein Smartphone zurück in irgendeine Hosentasche, das gerade Geschehene will ich nicht twittern. Und dann versuche ich, unsichtbar zu werden. Eigentlich müsste die U-Bahn schon längst am Leopoldplatz halten. Warum ist sie so schnell losgefahren und dann langsamer geworden? Damit sich alle ordentlich an meiner Verzweiflung weiden können? Die Lache ist mittlerweile fast so groß wie das Saarland, das sind eineinhalb Tischtennisplatten. Jetzt, jetzt fährt die U6 extra schön langsam in den U-Bahnhof Leopoldplatz ein. Nuuur keine Hektik. Schööööön laaaaangsaaaaaaaaaam. Schön ausrollen lassen.

Die Lache hat meine Schuhsohlen mittlerweile integriert. Und sie ist kurz davor, an meinen Hosenbeinen zu lecken. Alle, die aussteigen wollen und an der Tür stehen, schauen mich interessiert an. Die Lache drängelt sich an ihnen vorbei, zur Tür. Sie wird als Erste aussteigen. Da, endlich hat der Schaulustigen-Express ausgerollt und hält. Natürlich an einer Stelle, wo kein Papierkorb ist, in den ich das Desaster flink und unauffällig beseitigen könnte.

Schnell wie der Blitz springe ich mit dem Koffer aus dem nach Bier stinkenden Waggon, in dem ich mein Revier markiert habe, und renne weg. Dass man wegen der Bierspur, die das mittlerweile wie Gülle aus einem Gülletank schießende Bier hinter meinem Koffer herzieht, genau nachverfolgen kann, wohin ich renne, ist mir egal. Mir ist alles egal.

Ich stoppe an einem Papierkorb, öffne den Koffer und beäuge die Katastrophe.

Eine Flasche Bier hat's erwischt. Eine schöne Flasche Bier. Umsonst gestorben! Ich berge sie vorsichtig und bestatte sie angemessen im Mülleimer, räume die anderen raus aus dem Koffer und schütte das, was sich noch rausschütten lässt, ebenfalls in den wasserdichten Abfallbehälter. Dann räume ich die überlebenden Flaschen wieder rein und schließe mein Trinkergepäck. Schnell runter in die U9. Bis Moabit kann es meinetwegen noch aus dem Koffer raussuppen, vielleicht sogar bis zum Zoo. Aber spätestens ab Günzelstraße würde ich auffallen. In Wilmersdorf hat man eher Schmuck oder Goldbarren im Koffer, aber kein Bier.

Ich stehe. Ich bin nicht alleine. Ich habe die vollste U-Bahn an diesem Mittag erwischt. Die davor ist ausgefallen. Und danach wird nie mehr eine kommen. Man weiß das in Berlin. Wenn eine U-Bahn gerade wegfährt, muss man sie auf jeden Fall erwischen, denn danach wird für vier ewige Minuten keine mehr kommen. Jetzt sind alle Menschen in meiner drin. Alle Touristen, alle Geschäftsreisenden, alle Kudamm-Shopper. Wenn der Koffer hier drin versucht hätte, umzufallen, wäre das diesem tollpatschigen Gepäckstück nicht geglückt. Wie so oft schon stelle ich wieder fest: Das Schicksal ist eine garstige, böse Pfefferkuchenhexe, die ich mal persönlich gekannt habe.

Jetzt stehen diese vielen Menschen auf Nasenlänge Abstand um mich rum und haben den Hauptgewinn gezogen: den suppenden Koffer. Ja, er suppt immer noch. Und ja: Wärt ihr alle mal vorhin in der anderen U-Bahn gewesen, dann wäre das nicht passiert! Ihr seid schuld!

Warum suppt der Koffer noch? Ich dachte, ich hätte im Papierkorb im U-Bahnhof Leopoldplatz das ganze lose Bier über Bord geschüttet. Aber weit gefehlt: Dieser Koffer hat

Innentaschen. Haha. Für die Dinge, die ins Hauptfach nicht mehr reinpassen. Beispielsweise Bier.

Sekunden später schon versucht der Mensch neben mir neugierig mit seiner Schnuppernase die Quelle des brackigen Bierdunstes ausfindig zu machen, auch seine Augen suchen mit. Die erfahrenen BVG-Kunden scannen den Waggon nach einem Penner beziehungsweise nach einem Handwerker im Feierabend ab. Der nervöse Mann neben mir, der vermutlich zum ersten Mal im Leben die große Weltstadt Berlin bereist, ahnt nicht, dass er in dem, was er gerade riecht, drinsteht. Er wird es aber in fünf Minuten merken, wenn dank der sommerlichen Ofenhitze in der U9 die Bierlache um seine Schuhe bis auf die Klebezutaten eingekocht und reduziert wurde. Das könnte ihm dann förmlich die Schuhe ausziehen.

Ein Hipsterpärchen steigt ein. Sie sind beide gleichgroß, ihr Hobby ist Smoothies machen. Sie trägt eine hipstergerechte Nickelbrille, die in den Achtzigern im VEB Schwermaschinenbau Magdeburg aus entschärften Fliegerbomben geschmiedet und von ihr neulich bei eBay-Kleinanzeigen entdeckt wurde. Er trägt das Sofa seiner polnischen Tante als Hose auf. Beide teilen sich einen Gemüsedöner. Und sie tragen Frisuren, wie sie nur das Fahren auf E-Scootern formen kann, diesen dämlichen Drecksdingern, die höchstwahrscheinlich aus gebrauchten Nespressokaffeekapseln hergestellt werden und nach dreimal fahren schon Schrott sind, weil der Akku im Arsch ist.

»Why does the Döner taste so strange right now?«, fragt er sie.

Sie weiß es nicht.

Aber ich.

Ich sage ihnen: »It's because it's forbidden, you know, to eat in the Berlin underground. And they spray a perfume made of old working class beer in the underground, you know, to make the döner smell ugly like a Fischbrötchen with Bismarckhering, you know.«

Und dann steige ich an meiner Station aus. Die befindet sich zwischen Wilmersdorf und Steglitz. Vermutlich fragt mich gleich jemand, ob ich aus dem Wedding komme. Weil ich so rieche.

Endlich ist der Trip der Schande vorbei. Mit schmatzenden Schuhen verlasse ich den U-Bahnhof. Hinter mir fährt mein Rollkoffer mit schmatzenden Rädern. Als ich aus dem Untergrund ins Freie trete, erspähe ich eine Sitzbank. Am frühen Abend gehört sie den Angestellten eines benachbarten Bestattungsinstitutes. Das ist nicht weit weg von unserer Wohnung. Wenn ich morgens das Kind in die Kita bringe, bringen sie ihre Klienten aus dem Kühlraum in den Transporter. Und nach der Arbeit sitzen sie täglich auf dieser Bank hier, gedenken fröhlich plaudernd der Menschen, die jetzt nicht mehr unter uns sind, weil sie unter uns liegen, und feiern das Leben. Mit Getränken aus dem Späti gegenüber.

Ich setze mich, beobachte die Kinder, die vorn an der Ecke aus der Schule kommen, und gedenke noch einmal des von mir gegangenen Gerstensaftes. Ich feiere das Leben und öffne meinen Koffer.

Jetzt erst mal ein schönes Bier!

JE SUIS JAMMERLAPPEN

Ich bin der ärmste Mensch der Welt. Mein Hals tut weh. Seit dem Aufwachen. Also begleite ich meinen Hals zur Ärztin. Um der Ärztin zu sagen: »Ich hab SO'nen Hals!« Das wollte ich immer schon mal sagen.

Als ich das erste Mal für einen Auftritt in einer Fernsehsendung in der Maske geschminkt werden sollte, war es mir auch ein innerer Parteitag, der Maskenbildnerin zu sagen: »Bitte polieren Sie mir einmal schön die Fresse.«

Daraufhin sprach die freundliche Maskenbildnerin: »Du bist das erste Mal in einer Fernsehsendung, du Heini, ne? Pass auf, du Spaßvogel: Ich mache das hier seit Jahren, ich habe diesen Spruch schon zigfach gehört, und ich kann deinen gerade geäußerten Wunsch umgehend von unserem gut durchtrainierten Security-Mann erfüllen lassen. Denn jeder, der das erste Mal in so einer Witz-Fernsehsendung auftritt, denkt, er ist witzig. Das denkt der aber auch nur einmal!«

Ich hab diesen Spruch dann nie wieder gebracht. Was aber nicht heißen soll, dass ich seitdem prinzipiell auf kleine Kalauer verzichte. Manchmal funktionieren kleine Kalauer ja auch und verschönern durch ihre erheiternde Wirkung einem Menschen, der eben noch Trübsal blies, einen kurzen Moment seines vielleicht sehr traurigen Lebens.

Nun also sagte ich meiner Ärztin, dass ich »SOOOO einen Hals habe«.

Er ist ja auch komplett vereitert, hat die Ärztin dann geantwortet. Und die muss es wissen. Schließlich hat sie reingeguckt. Mit Hilfe ihrer Smartphone-Taschenlampe.

Das muss man sich mal vorstellen. Da stecken Pharmafirmen Milliarden in die Forschung, und womit leuchtet einem die Ärztin in den Rachen? Mit der Smartphone-Taschenlampe.

Wofür hat die Frau studiert? Wofür hat sie eine Praxis eröffnet? Wofür kriegt sie Geld von der Kassenärztlichen Vereinigung? Wofür zahle ich Krankenkassenbeiträge? Mit einer Smartphone-Taschenlampe in den Hals leuchten kann doch jeder Hausmeister in seinem Keller! Das könnte sogar ich! Bei mir selber! Vielleicht ist diese Frau gar keine Ärztin? Vielleicht hat die auf YouTube ein paar einschlägige Tutorials gesehen und bildet sich jetzt ein, hier Leute krankschreiben zu können, während die eigentliche Ärztin auf dem Klo eingeschlossen ist und gerade versucht, sich mit Klopapier aus dem Fenster abzuseilen?

Warum denke ich sowas? Die Frau tut mir doch gar nichts. Doch, sie hat mir in den Hals geleuchtet. Vielleicht hat sie sogar ein Foto geschossen und gleich in einer HNO-Ärzte-Gruppe namens: »Ich hab SOOOO'nen Hals« gepostet?

»Ihr Hals ist vereitert. Soll ich Ihnen Antibiotika verschreiben oder was anderes?«

Das ist aber auch mal ein Service, dass die Ärztin ihren Patienten fragt, was sie ihm verschreiben soll. Es gibt also ein Medikament, das »Was anderes« heißt. Da denke ich mir doch: »Ja, das nehme ich! Das ist mal was anderes!«

Ich will keine Antibiotika. Ich will das Gefühl haben, Alkohol trinken zu dürfen.

Nicht, dass ich ständig Alkohol trinken will, nein. Tagsüber mag ich gleich mal gar keinen Alkohol. Denn davon werde ich müde und schlafe recht bald ein. Dann ist der Tag auch quasi schon wieder rum, und ich bin umsonst aufgestanden. Seit ich die Grenze des vollendeten vierzigsten Lebensjahres überschritten habe, kommt erschwerend hinzu, dass mein Körper mich durch Kopfschmerzen und träge Knochen nicht nur einen halben Tag, sondern drei ganze Tage lang daran erinnert, dass ich Alkohol getrunken habe.

Trotzdem möchte ich keine Antibiotika schlucken. Denn ich bin ein freier Mensch und möchte das Gefühl haben, mich jederzeit hemmungslos besaufen zu können. Das ist mein gutes Recht als freier Bürger eines Landes, in dem man die Pulle, wenn man draußen auf der Straße unbedingt einen wegschlucken will, nicht in einer Papiertüte verstecken muss wie in den sogenannten freien USA. So!

»Gut«, sagt die Ärztin, »dann eben was anderes. Diese sanften Kräutertabletten hier haben antibakterielle Wirkung. Sie müssen dreimal täglich fünf Stück davon nehmen. Und dann sollte die Vereiterung nach einer Woche weg sein.«

Das klingt doch gut, glaube ich zu denken. Mein Hirn fühlt sich an wie ein Kaubonbon, welches sich durch langsames Lutschen im kleinen Mund eines stark speichelnden Kindes auflöst. Ich will nach Hause. Ich will liegen. Denn ich würde gern morgen für einige Auftritte in die Schweiz fahren, und das müsste ich auch. Auf meinem Tourplan steht nämlich, dass ich ab morgen einige Auftritte in der wunderschönen Schweiz habe. Aber ich kann nicht, und ich will nicht. Nicht mit diesem Hals. Ich habe keine Stimme mehr. Mein Hals hat meine Stimme verschluckt.

Außerdem zieht gerade der Weltschmerz bei mir ein und wird einige Tage bleiben. Vermutlich neun Tage. Denn eine Erkältung kommt drei Tage, bleibt drei Tage und geht drei Tage.

Ich schleiche nach Hause und lege mich ins Bett. Ich spende mir selber Trost.

Bis zur Hochzeit ist alles wieder gut! Wobei: Dann werde ich ja nie wieder gesund! Schließlich bin ich schon verheiratet. Und noch mal werde ich nicht heiraten. Denn da müsste ich mich ja erst mal scheiden lassen. Das ist, glaube ich, anstrengend. Und dann kostet das auch noch Geld. Und hinterher müsste ich auch jemanden finden, den ich heiraten kann. Dann müsste ich mit dem oder der zusammenziehen. Dann müsste ich diesen neuen Menschen in meinem Leben wieder in mein Leben einarbeiten. Das ist doch anstrengend! Er oder sie müsste sich an meine Macken gewöhnen und an die Geräusche, die ich so erzeuge. Ein Schultergelenk knarzt beim Strecken oder eine ganz bestimmte Darmwindung blubbert immer dann, wenn ich zwei Stunden zuvor Rohkost gegessen habe. Rohkost essen bedeutet bei mir schon, schnell an einer Mohrrübe vorbeizulaufen.

Wenn ich den Mund weit öffne, knackt mein Kiefer. Es fühlt und hört sich dann so an, als springt der Unterkiefer jeden Moment aus seiner Halterung. So ein Mensch macht ja im Laufe der Zeit die bizarrsten Geräusche. Die wenigsten davon nimmt er selber wahr, weiß also auch gar nicht, wie sehr sie nerven können. Also wie sehr sie den Menschen nerven können, der durch eine Ehe dazu verurteilt wurde, sich täglich diese nervenzerrüttenden Blubberer, Knarzer, Knacker und Fiepser anzuhören.

Es ist darum sehr wichtig, mit jemandem zusammen zu sein, der stocktaub ist oder diese akustischen Zeugnisse menschlicher Abnutzung ebenso gut ignorieren kann wie der Verursacher selber – und sie nicht zum Anlass nimmt, ein Blutbad anzurichten.

Noch mal heiraten? Auf keinen Fall! Bis zur Hochzeit wird es also nicht wieder gut. Aber vielleicht ja schon bis Fronleichnam? Das ist schon in fünf Monaten, hurra!

Ich Ärmster. Waidwund, angeschossen und sediert liege ich rücklings auf dem Krankenlager. Von mir aus könnte mir jetzt jemand eine Lebensversicherung aufschwatzen oder mich zu Thüringer Rostbratwurst verarbeiten. Ich hätte nichts dagegen. Ich bin willenlos. Ich will nichts machen. Ich kann nichts machen. Sämtliche Energie hat mit einem

One-Way-Ticket meinen Körper verlassen. Ich habe nicht einen Funken Power mehr im leblosen Leib. Die wenige Kraft reicht nur noch, um den Kreislauf am flachen Bollern zu halten. Für andere Flachliegaktivitäten wie Radio hören (anstrengend) oder Netflix gucken (noch viel anstrengender) bleibt überhaupt kein Antrieb mehr.

Aber soll ich wirklich, nur weil ich selber gerade nichts von Netflix habe, meiner Frau die grausamen Worte zurufen: »Frau, kündige unser Netflix-Abo!«? Dann müssten wir ja wieder Tatort gucken. Womöglich sogar den aus Saarbrücken! Schrecklich! Zum Glück fehlt mir aber auch dazu die Kraft.

Bis zur Hochzeit wird alles wieder gut. Eine anstrengende Vorstellung.

Noch mal Kinder in die Welt setzen? Es gibt Leute, die machen sowas häufiger. Der alte Patriarch des Puddingpulver-Imperiums Dr. Oetker hatte, glaube ich, neunzehn Kinder aus achtunddreißig Ehen. Und bei Clint Eastwood ist es so ähnlich. Und trotzdem dreht der Mann jedes Jahr drei weitere Filme. Also Clint Eastwood, nicht Dr. Oetker. Wie macht der das bloß? Er ist ja auch nicht mehr der Jüngste!

Ich liege im Bett. Mein ohnehin dicker Schädel wird im Liegen noch dicker. Ich mache das Gleiche wie ein Teenager. Ich stelle in meinem Zimmer selber Schleim her.

Helene Fischer hat mal gesungen »Du gehst mir nicht mehr aus dem Kopf« – der Song für meine Erkältung. Bestimmt teilt sich mein Kopf gleich in zwei Köpfe, die mir dann noch mehr wehtun können. Aus jedem Kopf wächst eine dicke Antenne, die Strahlen aus dem All empfängt und in tiefe Brummtöne verwandelt. Und jeder, der an unserem Haus vorbeigeht, glaubt, dass hier drin ein Panzer im Leerlauf rattert.

Warum habe ich immer noch genug Energie übrig, mir Gedanken zu machen? Was soll das? Andererseits: Ich mache mir Gedanken. Stimmt also gar nicht, dass ich gar nichts mache. Viele Menschen, die mich näher kennen, behaupten das oft. Manchmal auch meine Frau, nicht ohne Grund allerdings. Denn ich bin gerne mal faul. So, jetzt isses raus!

Und jetzt hat sie nicht nur die Kinder, sondern auch noch mich kranken Patienten an der Backe. Aus halbgeöffneten Augen beobachte ich argwöhnisch, wie sie da so rumwuselt. Ich forsche, ob ich ihrem Gesichtsausdruck etwas entnehmen kann, das darauf schließen lässt, dass ich ihr lästig bin.

Noch mehr Grund für Selbstmitleid. Ich nehme gerade ein richtig schönes großes, warmes Wannenbad aus Selbstmitleid. Ah, tut das gut. Es tut richtig gut, zu leiden. Und ich lasse permanent nachlaufen, damit das Selbstmitleid nicht kalt wird. Ich werde wohl nie wieder gesund. Aber das ist mir egal. Selbst eine Arztbehandlung mit Blutegeln und Aderlass wäre mir jetzt schnuppe. Ah, fühlt sich das gut an, sich so leid zu tun.

Gerade als ich in mich hineinhorchen will, fragt meine Frau von draußen: »Wie fühlst du dich heute?«

Wieso heute? Liege ich schon mehrere Tage hier rum? Ich kriege ja gar nichts mehr mit.

»Naja, der Hals brennt mehr als gestern, meine hohe Körpertemperatur lässt mich glauben, dass ich koche. Ich fühle hier auf der Matratze außerdem dreifache Schwerkraft in mir, ich habe eine höhere Dichte als Titan, bin also hundertmal so schwer wie sonst, und wenn mich das stabile Mauerwerk unserer Wohnung nicht davon abhielte, würde ich mich aufgrund meiner gefühlten Masse schon in Richtung Erdkern vorarbeiten, und dann wäre das Ende nah, denn der Erdkern hat mit ungefähr fünftausend Grad Celsius eine niedrigere Temperatur als ich gerade. Und niemand vermag zu sagen, was geschieht, wenn ich ihn aufheize. Vielleicht wird die Eifel durch einen Vulkanausbruch ausgelöscht?

Der Erdkern, hab ich mal gelesen, ist wegen seiner Temperaturunterschiede auch für den Erdmagnetismus zuständig. Wenn ich ihn also zum Schmelzen brächte, bekäme die Erde womöglich zwei Pole zusätzlich. Dann rotiert sie nicht mehr durchs All, sondern eiert dreieckig da durch! Die Folge sind neun Jahreszeiten und fünfmal jährlich Weihnachten. Wo soll ich denn das ganze Geld für die Geschenke hernehmen?

Im günstigsten Fall bricht lediglich der Ätna aus. Wahrscheinlicher ist jedoch, dass es den Marianengraben zerreißt. Eine Monsterwelle aus explosionsartig zum Kochen gebrachtem Salzwasser, verflüssigtem Plastikmüll, Walfischen und Magma wird sich über die Ostküste der Vereinigten Staaten ergießen und an Donald Trump abprallen, während er gerade Golf spielt. Egal, ob er gerade US-Präsident ist oder wieder mittelmäßiger Bauunternehmer: An dem Mann bleibt ja bekanntlich nichts haften.«

»Zu viele Details«, sagt meine Frau, »wie du dich fühlst, wollte ich wissen. Und da genügt doch ein einfaches ›Scheiße‹ oder ›Nicht so scheiße‹, oder?! Viel mehr sage ich dir auch nie, wenn ich PMS habe.«

Ich murmle ein leises: »Scheiße, aber bis zur Hochzeit ist alles wieder gut.«

»Was hast du gesagt? Na, darüber reden wir aber morgen noch mal. Werd erst mal gesund!«

»Yes, Drillsergeant, yes«, murmle ich und krieche ängstlich unter meine Decke, wo ich still und leise vor mich hin menstruiere. Warum werde ich hier so beschimpft? Ich habe doch niemanden angesteckt. Ich wurde angesteckt.

Je suis Jammerlappen!

Hier unter der Decke kann ich meine Haare wachsen hören. Das ist ein beruhigendes Geräusch. Mich persönlich nervt es nicht, aber jeden anderen würde es in den Wahnsinn treiben. Augenblicklich döse ich weg. Aber nur, wenn das Brummen, das die Antennen in meinen zwei Köpfen dank der Strahlung aus dem All erzeugen, nicht so laut ist.

Vielleicht ist ja doch bis zur Hochzeit alles wieder gut.

Aber ich habe nun wirklich kein bisschen Kraft, mir darüber auch nur einen einzigen Gedanken zu machen.

PREMIUMKUNDE BEI DER DEUTSCHEN BAHN

Ich habe mich lange geziert, es zuzugeben. Aber irgendwann wäre es eh rausgekommen. Also sag ich's einfach: Ich bin Premiumkunde der Deutschen Bahn. Seit mehr als zehn Jahren besitze ich die Bahncard 100. Die kaufe ich mir jedes Jahr neu. Denn ich bin reich.

Warum bin ich reich?

Ich nehme seit Jahren im Keller des Berliner Bayer-Werkes an erlebnisintensiven und sehr gut bezahlten Tablettenverkostungen teil.

Alles, was ich esse, schmeckt seitdem nach Hüttenkäse mit Kapern. Nur Hüttenkäse mit Kapern nicht. Außerdem habe ich beide Nieren per Hypothek an ein reiches arabisches Emirat vermacht. Wenn schon Organspende, dann auch für Leute, die ordentlich dafür zahlen. Und diese reichen Araber da unten leiden oft, hab ich mal gelesen, an Diabetes. Weil sie nämlich viel zu viel völlig überzuckerten schwarzen Tee und fette Gebäckteilchen konsumieren. Davon gehen ihre Nieren kaputt. Also verkaufe ich denen meine.

Ich selber besitze schon eine Ersatzniere, die ich mir aus dem 3D-Drucker rausgelassen habe. Für die Jüngeren: Ein 3D-Drucker ist kein neues Phänomen, sowas gab's früher auch schon. Damals hieß das nur anders.

Und zwar: »strickende Oma«.

Weil ich so unfassbar viel Geld absahne, besitze ich selbstverständlich die Bahncard 100 für die 1. Klasse. Die nutze ich aber nie, weil ich stets mit einem SUV zu den Auftritten fahre. Und zwar fahre ich immer neben einem ICE her, in dem ich sitzen könnte. Aus reiner Lust am Provozieren. Denn stänkern ist in. Ich will beim Querdenken mitmachen, aber auf meine Weise.

Zurück zum eigentlichen Thema: Ich bin Premiumkunde der Deutschen Bahn. Ich habe der Bahn, diesem privat-staatlichen Homunkulus, schon so viel Kohle überwiesen, dass mir der Laden zur Hälfte gehört. Fahrkartenkontrolleure schlagen vor mir die Hacken zusammen. Sie zeigen mir unaufgefordert ihre Patschehändchen, damit ich kontrollieren kann, ob ihre Fingernägel sauber sind. Es ist toll, zur Elite zu gehören.

Der Bahnchef gibt mir zu Ehren alljährlich einen Empfang, bei dem es richtiges Essen gibt. Nicht wie im Bordrestaurant diesen vorverdauten Nährschlamm aus dem Dampfgarer.

Immer zur Weihnachtszeit läutet ein livrierter Bote an meiner Tür und überreicht mir einen Präsentkorb mit Champagner, Kaviar und dem jährlichen Aktkalender des kompletten Bahnvorstandes.

Außerdem steht mir permanent ein privater ICE zur Verfügung, der in der Nähe meines Auftrittsortes mit laufendem Elektromotor parkt. Und wenn die Zugabe beendet ist, fährt mich der Lokführer persönlich mit einem Rikschataxi zum Zug, wo ich an der Bar noch einen Drink nehme, bevor ich mich in eins der dreißig nur für mich eingebauten Wasserbetten lege, um in süße Träume abzutauchen, während der ICE mit Tempo dreihundert zwischen Frankfurt und Bonn hin und her fährt – egal, wo ich vorher aufgetreten bin. Denn nur auf dieser Hochgeschwindigkeitsstrecke sind schienengebundene Parabelflüge möglich, so dass ich richtig gut schlafen kann. Dafür hat die Deutsche Bahn zu sorgen. Schließlich bin ich ihr Kunde, ein Premiumkunde!

So jedenfalls sollte meinen Vorstellungen zufolge der Ist-Zustand sein. Für mich, den Besitzer einer Bahncard 100.

Die Realität sieht aber anders aus. Wir sprechen hier schließlich von der Bahn.

Neulich kam per Brief eine Einladung zu »Acht Begegnungen«, also zu acht Premium-Kunden-Events, deren Aufzählung meinen Pulsschlag jetzt gleich drastisch beschleunigen wird.

Ich kann zum Beispiel auf dem Güterbahnhof Maschen bei Hamburg beim An- und Abkoppeln von Güterwaggons zugucken. Einen ganzen Tag lang! Ich stelle mir vor, wie das sein wird. Zusammen mit den anderen Trainspottern stehen wir dicht an dicht auf dem Aussichtsturm. Wir tragen unsere robustesten Funktionsjacken. Lauter kleine, aufgeregte Jungen, gefangen in den stämmigen Körpern siebenundfünfzigjähriger Verwaltungsbeamter. Man könnte uns für die Teilnehmer eines Peter-Altmaier-Ähnlichkeitswettbewerbs halten. Wir haben belegte Brote mit Harzer Käse dabei. Und hartgekochte Eier. Wir filmen, was das Zeug hält. Wir freuen uns diebisch darauf, das Rohmaterial später im Jugendzimmer mit dem Windows Movie Maker YouTube-kompatibel zu schneiden.

Ab und zu kommt Mama ins Zimmer und bringt ihrem siebenundfünfzigjährigen Sohnemann ein Graubrot mit Rügenwalder Mühlenwurst. Und eine schöne warme Flasche Bier. Mama ist dabei sehr flink und atmet durch den Mund, denn im nur unzureichend gelüfteten Zimmer riecht es nach Selbstbefriedigung, Zwiebeln und viel zu lange getragenem Schlüpfer.

Sie möchte da schnell wieder raus sein, bevor ihr der Junge im Fachjargon wie so oft Herkunft, Ziel und Fracht des Güterwaggons Typ »Hupac in Leichtbauweise« erläutert, den er auch heute wieder gefilmt hat. Sie liebt ihren Sohn. Aber nicht so sehr, dass sie sich jeden Abend stundenlang seinen Rangierfahrt-Ankoppel-Abkoppel-Nerdkram anhören möchte. Das treibt sie sonst endgültig in die EiEiEi-Verpoorten-Abhängigkeit.

Jetzt aber raus aus meinem Tagtraum und weiter mit den »Acht Begegnungen«, die mir meine Bahn AG in ihrer exklusiven Broschüre anbietet. Wenn ich mich mit einem persönlichen Code online registriere, kann ich im »kleinen und exklusiven« Kreis in der Fahrplan- und Verkehrsleitung Rhein-Main-Gebiet zuschauen, wie ein Fahrplan entsteht.

Wow!

Oder ich werde in der Reisenden-Information Frankfurt darin eingeweiht, wie »detaillierte Reisenden-Informationen den Kunden erreichen«.

Ganz ehrlich: Ich hab mich immer schon gefragt, wie das wohl passiert! Das zu erfahren, ist doch purer Nervenkitzel! In die »Reisenden-Information Frankfurt« machen saudiarabische Kampfpiloten Betriebsausflüge, wenn sie in einer Pause zwischen zwei langweiligen Jemen-Bombardierungen mal was Richtiges erleben wollen!

Augenblicklich erträume ich mir weitere Events. In meiner Fantasie werde ich im berühmten »Servicecenter Fahrgastrechte« dabei sein, wie das Schreizimmer geöffnet wird. Dahin schickt die Bahn ihre geschundenen Mitarbeiter zur Kur. Und zwar solche, die auf besonders schlimmen Regionalbahnstrecken arbeiten müssen.

Im Schreizimmer dürfen sie in Gedanken an ihre Fahrgäste so laut schreien, bis ihnen der Hassspeichel flockig aus dem Mund flattert. Sie dürfen Hartmut-Mehdorn-Puppen zerbeißen. Es gibt Weitkotzwettbewerbe auf Fahrgastrechteformulare. Und Kochkurse, in denen aus zermatschten Tauben, die ein Speed-Dating mit einer ICE-Lok hatten, das berühmte Chili con Carne zubereitet wird. Nach diesem zweiwöchigen Aggressionsabbau ist der Mitarbeiter wieder robust genug für den Einsatz auf sächsisch-thüringischen DB-Regio-Verbindungen. Gerne samstagnachmittags, wenn die Fans der ostdeutschen Traditionsvereine Thor Steinar Zwickau oder NSU

Jena euphorisiert und betrunken genug für den totalen Krieg vom Auswärtsspiel heimkehren.

Vielleicht lässt mich die Bahn, meine Firma, ja sogar ins Allerheiligste? Ich male mir aus, wie ich höhnisch lachend Regie führe bei der großen Wagenstandsanzeigerverschwörung. Ich kann einfach so den Hebel mit der Aufschrift »Verstehen Sie Spaß?« umlegen und in den Hauptbahnhöfen von Köln, München oder Frankfurt - der ist schön groß - die Bahnkunden, diese dusseligen Rollkofferamöben, mit pfeifenden Lungen von Abschnitt A zu Abschnitt G hecheln lassen, haha!

Vielleicht darf ich auch den Knopf drücken, der den ICE in Wolfsburg durchbrettern lässt, haha!

Ich könnte auch einen ganzen Tag lang in der Abteilung Bermudadreieck zu Gast sein, wo die Reservierungsanzeigen verschwinden. Weil dort unzählige Rumpelstilzchen, die alle das Gesicht von Ronald Pofalla haben, jede dritte Sitzplatzreservierung ausdrucken, in den Reißwolf werfen und aus den Schnipseln ein Feuerchen machen, über das sie springen, während sie mit hohen, teuflischen Stimmchen rufen: »Heute verspäte ich mich, morgen mach ich die Klos kaputt und übermorgen klaue ich der Königin ihr Kinderabteil!«

Seitdem ich diese Einladung besitze, quälen mich schlaflose Nächte voller stiller Freude.

Meine Aufregung hinderte mich bislang, eins der acht Megaevents auszuwählen. Nachher rutsche ich noch auf der Maus aus und klicke das Falsche an! Und was, wenn das hier nur der Beginn von etwas viel Größerem ist? Wenn alle anderen Serviceunternehmen, deren Kunde ich nun mal bin, auch auf die Idee kommen, mich mit einer Einladung zu überraschen?

Darf ich beim Obstbauern miterleben, wie die kleinen Aufkleber auf die Äpfel geklebt werden, auf denen steht, dass das ein Apfel ist? Damit der Kunde weiß, dass er keine Banane in der Hand hält?

Und wie wird es sein, wenn mein Stromversorger mich vor eine Solarzelle setzt, damit ich mal zugucken kann, wie die das so macht?

Oder lädt mich gar mein Bioladen ein, den Bananen beim Braunwerden zuzugucken?

Ich bin mir sicher, irgendwann werde ich all diese Einladungen kriegen. Und ich werde sie annehmen.

Und dann kann ich sagen: Ich war dabei!

REISETAGEBUCH. AUFZEICHNUNGEN AUS DEM ICE

9.55 Uhr: War ja zu erwarten: Der ICE von München nach Berlin fällt aus. Vielleicht hat ihn jemand geklaut. Oder Siemens hat ihn gar nicht erst gebaut.

11.55 Uhr: Zwei Stunden später. Dieser ICE fährt jetzt nach Plan. Dafür wird bei der Bahn vermutlich gerade jemand entlassen. Oder erschossen! Immerhin: Die Reservierungen können wegen einer Datenpanne oder wegen einer Ufo-Attacke oder wegen Nieselregen nicht angezeigt werden. Da bin ich als gebeutelter Bahnkunde direkt etwas versöhnt, weil die Bahn meiner jahrelang andressierten Erwartungshaltung mit etwas Vertrautem entspricht, damit ich wegen eines komplett unerwarteten, auf die Minute pünktlichen Zuges nicht gleich die Fassung verliere.

Zwei Sitzreihen vor mir parkt ein sicherlich fürsorgliches, aber auch noch unerfahrenes, frisches, süßes, junges Elternpaar seinen Kinderwagen mitten im Gang. MITTEN IM GANG!!! Ich überlege, ob ich hingehen soll, um diesen Menschen kurz zu sagen, dass der Wagen da nicht stehenbleiben darf, weil dann all die älteren Damen, die für einen Tag verreisen, mit ihren kamingroßen Koffern nicht durchkommen. Der Kinderwagen behindert auch die systemrelevanten Businessmenschen mit ihren mikroskopisch kleinen Konjunkturklapprädern. Und zweitens blockiert dieser Kinderwagen den Fluchtweg. Unser aller Fluchtweg! Andererseits: Wer bin ich, diesen jungen Eltern Ratschläge zu erteilen? Ein grumpy old Hausmeister? Oder sollte ich einfach bei der nächsten Fahrt über eine Weiche Richtung Toilette tänzeln und ihnen im Vorbeigehen jovial einen freundlichen Rat geben – so von Vater zu Eltern? Ich muss weiter drüber nachdenken. Mittlerweile hat der Zug Nürnberg erreicht.

13.02 Uhr: NÜRNBERG. Viele Menschen entern unseren ICE. Weil ihr ICE einfach nicht kam. Weil ihn Siemens vielleicht gar nicht gebaut hat und die Bahn nichts davon wusste? Die potenziellen Reisenden stopfen die Gänge mit sich aus. Denn alle Sitzplätze sind ja besetzt. Mit uns.

13.05 Uhr: Durchsage des Zugchefs: »Unser ICE ist überfüllt. Er ist zu voll und zu schwer, er kippt in der Kurve um und kann so nicht losfahren. Reisende, die einen alternativen Zug nutzen können, werden gebeten, hier in Nürnberg auszusteigen.«

Keiner steigt aus. Alle wissen: Es gibt keine alternativen Züge. Ich verbringe dann wohl den Rest meines Lebens in Nürnberg. Denn weil keiner aussteigt, fährt der Zug nicht weiter.

13.10 Uhr: Die Ersten setzen sich auf den Boden. Wohin auch sonst.

13.15 Uhr: Eine Durchsage: Die Bahn stellt ab Nürnberg zwei Reisebusse zur direkten Fahrt nach Berlin bereit. Die Busse haben beheizte Massagesitze, High-Speed-WLAN, Fußmassagen, saubere Toiletten mit Blumenbildern an der Wand und ausgeruhte Fahrer. Außerdem, so die Durchsage, wird auf der kompletten A9 bis Berlin eine Fahrspur nur für diese Busse freigehalten. Es steigt immer noch keiner aus.

13.17 Uhr: Tja, wie nennen wir das jetzt? Sitzstreik der Fatalisten oder GroKo der Sturköpfe? Keiner steigt aus, also fährt der Zug nicht weiter. Bin gespannt, welche Durchsage als Nächstes kommt. Fordert der Zugchef alle schönen Menschen auf, auszusteigen, weil heute mal nur die Hässlichen weiterfahren dürfen? Da steigen doch alle aus! Auch der Lokführer. Und der Zug bleibt immer noch stehen. Ein

Mann vertäut seine Hängematte unter der Gepäckablage und legt sich rein. Vermutlich bietet die Bahn gleich Bargeld an, damit man den Zug verlässt.

13.19 Uhr: Eine Durchsage: Die Bahn bietet jedem, der den Zug verlässt, Reisegutscheine an. Im Wert von dreißig Euro. Alle lachen.

13.21 Uhr: Meine Frau, eine versierte Bahnkundin, mit der ich zusammen in München war, ist schlauer als ich. Sie ist ja auch eine Frau. Sie hat schon kurz nach Mitternacht einen ICE von München nach Berlin genommen. Damit die Kinder wenigstens bei einem Elternteil aufwachsen und nicht im Waisenhaus. Sie gibt per WhatsApp durch, kurz vor Kiel zu sein. Kiel?

13.25 Uhr: Der Zugchef droht per Durchsage an, die Bundespolizei zu rufen, die jeden ohne Sitzreservierung mit vorgehaltener und entsicherter Waffe dazu überredet, jetzt besser auszusteigen.

Ein Mann verliert tatsächlich die Nerven und steigt aus. Es piept, die Tür schließt sich. Der Zug fährt los. Applaus. Menschen liegen sich in den Armen. Erste Spontanverlobungen. Ein Airbnb-Futzi bietet allen, die ihren Schoß als Sitzplatz vermieten, Provision an. Jemand baut in aller Ruhe eine Shisha auf. Ich starre abwechselnd auf die vielen vor mir sitzenden Menschen und den Kinderwagen, der jetzt nicht mehr den Fluchtweg blockiert, weil es keinen Fluchtweg mehr gibt, und denke: Hahaha, gut, dass ich vorhin meine vorlaute Fresse gehalten habe.

13.35 Uhr: Im Bordbistro unseres ICE »Prager Botschaft« gehen die Biervorräte zur Neige.

13.42 Uhr: Eine Frau im Businesskostüm, die vor der Toilette hockt, will andere nur noch gegen Geld reinlassen. Sie ist Managerin bei Sanifair. Es regt sich zunächst zaghaft, dann immer unverhohlener Protest.

13.55 Uhr: Lange Schlange vor dem Klo. Der Zugchef kündigt per Durchsage an, dass in Erfurt ein Dixi-Klo in den Zug gestellt wird, um die Not zu lindern.

14.20 Uhr: Der Zugchef verkündet per Durchsage, dass im Bordbistro das Essen alle ist und dass es darum jetzt schließen muss.

14.38 Uhr: Es passiert das, was immer passiert, wenn die deutsche Gastronomie kapituliert: Im ehemaligen Bordbistro eröffnet ein Dönerimbiss.

14.41 Uhr: Neben meinem Sitz hocken viele Menschen. Sie starren mit gebanntem Blick auf meinen Laptop, auf dem Netflix läuft. Ein junger Mann sagt, dass meine Serie ja voll lame sei und dass er als Teil der Solidargemeinschaft ja wohl das Recht habe, was anderes gucken zu dürfen. Denn nur weil er unten auf dem Boden hocke, könne ich einer von denen »da oben« sein.

14.56 Uhr: Der Zugchef sagt durch, dass der ICE bald Erfurt erreicht. Die Durchsage wird übertönt von einer großen Menschengruppe, die singt: »Einer geht noch, einer geht noch rein!«

14.58 Uhr: Keiner geht noch rein. Vor jeder Zugtür stehen tätowierte Einlasser aus dem Erfurter Rockermilieu. Nicht mal Leute mit Sitzplatzreservierungen kommen rein. Warum auch? Die werden eh nicht angezeigt.

15.01 Uhr: Ein junger Mann mit einem Stapel Pizzakartons hat es durch ein aufgeschweißtes Loch im Waggondach in den Wagen geschafft und verteilt in Windeseile die Bestellungen, die während der Fahrt durch den Thüringer Wald, als das WLAN zwischen zwei Tunneln kurz mal ging, bei Pizza.de/Erfurt eingegangen sind. Ich nehme meine Pizza Funghi entgegen. Sie macht mich sehr satt. Ich schlafe ein.

16.10 Uhr: Zwei Reisebusse erreichen Berlin. In einem ein Fahrgast, im anderen sein Koffer.

19:59 Uhr. Ich wache auf. Der ICE hält in Kiel. Von draußen klopft meine Frau ans Fenster. Sie hat ein Flugtaxi organisiert. Pünktlich erreichen wir Berlin, wo wir den Kindern Abendessen machen und sie ins Bett bringen.

»Mama, hat alles geklappt mit der Bahn?«, fragt der Große.

»Ja«, sagt meine Frau, »es lief wie immer: alles nach Plan.«

WIESO HEISST DAS EIGENTLICH SPASSBAD?

In den langen, grauen Wintermonaten übernimmt mittlerweile vor jedem Wochenende ein ängstliches Zittern die Kontrolle über meinen Körper. Denn an so einem Winterwochenende muss ich mit meiner Familie oft ins Spaßbad. Mit zwei Kleinkindern und ihrer aufmerksamen Mutter. Diese hat berechtigterweise Angst, dass sich die Kinder im Spaßbad umbringen. Was aber nicht passieren wird, denn sie ist ja dabei und mahnt die lieben Kleinen gut hörbar, also wirklich sehr gut hörbar, zur Vorsicht. Und sagt dem Vater, also mir, dass er auch mal was sagen soll. Also täuscht der Vater, das bin ich, Aktionismus vor und schreit seine Kinder ebenfalls an. Damit die Mutter IHN nicht mehr anschreit. Das ist bei allen Familien im Spaßbad das Gleiche, und das geht beim Umziehen, beim Verlassen des Spaßbades und auf dem Weg nach Hause so weiter.

So ein Spaßbad ist genauso laut wie ein Indoorspielplatz. Das ist ein Spielplatz mit Wänden drumrum und einem Dach drauf. In der Regel befindet sich der Indoorspielplatz in einem Gewerbegebiet direkt neben dem Flüchtlingsheim. Außerhalb eines Indoorspielplatzes muss man sich etwas anstrengen, um die Schreie der fröhlichen Kinder zu hören. Im Indoorspielplatz muss man das nicht.

Indoorspielplätze sind in der Regel groß wie Busdepots.

Ein Busdepot hat ungefähr die Größe des Saarlandes.

Nun stelle man sich ein überdachtes Saarland vor, das bis zum Rand mit aufgekratzten Kleinkindern angefüllt ist, die ausgeschlafen sind und gerade Süßis hatten – fertig ist der Indoorspielplatz.

Jauchzen, Schreien, Quieken – all diese lebenslustigen Geräusche werden von den glatten Betonwänden des früheren Busdepots in keiner Weise geschluckt oder abgeschwächt. Man soll nämlich daran teilhaben, wie sich die Kinder hier freuen. Also wird jede noch so kleine Schallwelle, die so ein Kinderkörper ausstößt, von den aalglatten Wänden des Indoorspielplatzes zurückgeworfen. Vermutlich wird der Krach dabei noch elektrisch verstärkt, dank neuestem Unterhaltungselektronikschnickschnack der sehr einfallsreichen Firma Sonos. Und so geht dieser reflektierte Krach im Frequenzbereich von Feuermeldern direkt in die Erwachsenenohren rein.

Und dort drin, in den Elternköpfen, dreht der Lärm der Lieben noch eine Ehrenrunde, während die von den Kindern live erzeugten Schreie nachrücken.

Die Band Metallica wäre auch gern so laut, kriegt es aber nicht hin.

Jeden, der behauptet, Windräder seien Lärmbelästigung, würde ich gern mal für fünf Minuten draußen vor einen Indoorspielplatz stellen und fragen, ob er was hört. Natürlich versehen mit dem Hinweis: »Drinnen hört man es noch besser.«

Nun aber zum Spaßbad. Das ist ein feuchtwarmer Indoorspielplatz, in dem man auch noch ausrutscht, aufs Gesicht fällt und sich was bricht. Irgendein Zyniker hat dieser Einrichtung an einem Tag, an dem er besonders schlecht gelaunt war, den Namen »Spaßbad« verpasst.

Um das dortige Vergnügen komplett zu machen, stinkt es in dieser Wasserhölle wunderbar nach Chlor. Außerdem sind sämtliche Insassen halbnackt. Fertig ist der Höhepunkt des Winterwochenendes.

Warum gehen Menschen da hin? Warum tun sie sowas?

Gegenfrage: Was sollen sie denn sonst tun?

Früher wären sie im Winter rodeln gegangen. Drei Monate lang wären sie jeden Tag rodeln gegangen. Auf dieser Naturwatte, die man Schnee nannte.

Schnee hat, wenn er frisch gefallen und fluffig auf den Gehwegen und Straßen lag, nicht nur den Lärm der Stadt gedämpft. Er hat auch das Licht der Straßenlaternen reflektiert und dadurch den Ort sanft und friedvoll von unten erhellt. Und auf diesem Schnee konnte man Schlitten fahren!

Man konnte den Berg runtersausen und unsympathische Arschlöcher erschrecken, auf die man zubretterte und im letzten Augenblick einen Haken schlug. Wenn man kurz mal sauer war, weil einem selbst jemand reingefahren ist, konnte man diese Wut abarbeiten, indem man den Schlitten mit dem eigenen Kind drauf den Berg wieder hochzog.

Oben angekommen, wusste man dann vor Kurzatmigkeit und Herzrasen gar nicht mehr, worüber man kurz zuvor noch sauer war. Man war ja damit beschäftigt, nicht tot umzufallen.

Heiß gelaufen und rotgesichtig war man bereit für die nächste Abfahrt. Und man hatte im Blut keinen Zucker mehr übrig, um sich wie ein verbitterter alter Griesgram über die modernen Zeiten zu ärgern.

Sowas geht heute nicht mehr. Der Schnee fehlt.

Es ist wahr: Der verdammte Klimawandel ist jetzt in MEINEM Privatleben angekommen. Ich hocke mit all den anderen Idioten, die ich früher bei der Abfahrt mit dem Schlitten überfahren hätte, im Kinderbecken rum.

Wir sind übergewichtige, menschengroße Chlorhühner, deren Bauchhaut mit der Kraft eines ausgeleierten Spannbettlakens alle inneren Organe mit letzter Anstrengung beieinander hält. Sie lassen sich nicht verbergen, die Tattoos von früher, die hier, in Länge und Breite gezogen, Zeugnis bitter bereuter Jugendsünden ablegen. Wir hängen hier ab wie die letzten Deppen und fragen uns, weshalb der Quatsch auch noch *quality time* heißt.

Ich kann gar nicht in Worte fassen, wie sehr ich das hasse.

Und darum raste ich auch innerlich aus, wenn einer dieser deutschen Mehrzweckhallenkomiker im Fernsehen in seiner eigenen Sendung Billigwitze über den Klimawandel macht. Weil ja der Klimawandel nicht schlimm ist. Schließlich macht er den Sommer so schön warm. Damit das so bleibt, sagt dieser Clown, fährt er jetzt immer noch mal extra mit seinem Auto im ersten Gang mit Vollgas um den Block. Hahaha!

Da kann ich nicht drüber lachen! Der Winter ist jetzt nämlich auch warm, du Vogel! Und wenn jemand sagt: »Aber der Winter ist doch kalt, du hast doch Schnupfen! Das ist der Beweis!«, dann sage ich: »Nein, meine Nase läuft wegen meiner Pollenallergie. Wir haben Januar, und die Haselnuss blüht. Und weinen muss ich aus einem anderen Grund: Morgen ist Wochenende, da muss ich ins Spaßbad.«

Und darum weiß ich: Klimawandel ist kein Spaß!

Wer das nicht glaubt und immer noch meint, der verdammte Klimawandel ginge ihn oder sie nichts an, der sollte von der Regierung gezwungen werden, seine Überzeugung im Beisein von schreienden Kindern, brüllenden Vätern und kreischenden Müttern im Spaßbad kundzutun. Damit man ihn oder sie im pisswarmen Wasser des Kinderbeckens untertauchen kann, während man den Kindern zuruft: »Guckt mal, hier blubberts, der Whirlpool ist angesprungen, setzt euch mal drauf!«

Wobei das Untertauchen gar nicht nötig wäre. Weil man den Klimawandelleugner im Spaßbad eh nicht hört. Man hört nicht mal ein Windrad im Spaßbad!

Spaßbad – hör mir doch auf!

ICH HABE JA NICHTS GEGEN KINDER, ABER …

Viele Hundert, Tausend oder Millionen Kinder, so genau weiß das keiner, werden gefangen gehalten. In Höhlen. Um ihnen mit einer Zitronenpresse Adrenochrom aus der Zirbeldrüse zu quetschen, damit Hillary Clinton das Zeug trinken kann. Weil sie dadurch jung und frisch bleibt.

Vielleicht fragen Sie sich gerade, ob ich Pilze gegessen habe. Wenn Sie sich das nicht fragen, kennen Sie die erwähnte Verschwörungstheorie bereits. Sie stammt von erwachsenen Menschen, die im 21. Jahrhundert mit einem großen Q um den Hals auf Demos rumlaufen und Unwissende rätseln lassen, ob der Quelle-Versand wieder da ist und ziemlich bizarre Werbung macht.

Die Frage, die sich mir bezüglich dieser Höhlenkinderstory stellt, ist: Wie soll das eigentlich gehen?

Wenn frischgezapftes Adrenochrom jung, fit und erfolgreich macht, wieso wirkt es dann bei Hillary Clinton ziemlich offensichtlich nicht? Und in welchen Höhlen stecken diese vielen Milliarden Kinder eigentlich fest? In den Höhlen in der Eifel, in die man nicht reindarf, weil da drin angeblich schutzbedürftige Fledermäuse schlafen? Und warum haben die vielen Milliarden Eltern dieser verschleppten Kinder keine Vermisstenanzeigen aufgegeben? Vielleicht, weil sie jetzt endlich frei sind und das auch bleiben wollen?

Denn eine weitere große Frage, die sich mir stellt, ist vielleicht die wichtigste von allen. Und ich stelle sie als Vater von zwei Kindern. Hier kommt sie: Seit wann geben einem Kinder Energie?

Ich habe ja nichts gegen Kinder, aber …

... diese süßen kleinen Wesen, die bei einem zu Hause wohnen, weil der Staat ihnen das Recht dazu gibt, als Quittung dafür, dass man sie in einem Akt blinder Begierde zeugte – sie sind immer so laut! Sie sind bewaffnet mit hohen, niedlichen Kinderstimmen! Sie machen bei jeder Gelegenheit von diesen langgezogenen Lauten Gebrauch, die so ähnlich nur ein feuchter Keilriemen bei untertourigem Fahren an einem verregneten Tag erzeugen kann!

Ich habe nichts gegen Kinder, aber in der alten Zeit hat man ihre Betriebsgeräusche tagsüber nie vernommen. Weil die Kinder, als es das Coronavirus noch nicht gab, in der Kita waren, wie es sich gehörte. Oder in der Schule. Und ganz früher beim Bauern auf dem Feld. Oder in der Bleimine. Und noch ganz früher, vor vielen hundert Jahren, sind sie in den Wald gegangen. Um der dort lebenden armen alten Warzenhexe in der Kuchenhaus-Selbstisolation etwas Warmes zu bringen: sich.

Wie auch immer. Als alles noch normal war, vor Corona, waren die Kinder tagsüber schön ruhig. Denn sie waren nicht da. Und darum hatte man sie lieb. Man schaute sich auf dem Handy ihre Fotos an und streichelte die Fotos, und dann waren auch die Fotos nicht mehr da. Und auch deswegen hat man sich wirklich und ehrlich und extrem darauf gefreut, die Kinder am Nachmittag wiederzusehen. Weil man nicht den ganzen Tag lang ihre süßen, aber wirklich hohen Kinderstimmchen hören musste.

Eine seit Stunden um Aufmerksamkeit buhlende, erregt hohe Kinderstimme klingt nach kurzer Zeit wie eine in den Schraubstock eingespannte Katze, der siebenundsiebzig sadistische Singvögel ganz langsam jedes einzelne Katzenhaar ihres Katzenfells auspicken. Um sich für den jahrelangen Massenmord an der weitläufigen Vogelverwandtschaft zu rächen. Da miaut die Katze aber! Wie ein Kind, das ein Problem hat.

Hohe Kinderstimmen hat die Natur so designt. Man soll nämlich immer springen. Denn es könnte ja was passiert sein. Mit »was passiert sein« meine ich keine unvorhergesehene Lappalie, beispielsweise den vom fetten Outdoor-Rucksack der fahrradfahrenden Mutter um exakt neunzig Grad zur Seite gedrückten Kinderkopf einer in den Fahrradkindersitz justierten Johanna.

Ich meine auch nicht das Jaulen des kleinen Jasper, der sich verzweifelt mit den Fingernägeln die Zunge aufkratzt, weil sein naiver Vater unbedingt ein Ottolenghie-Gericht mit viel schwarzem Knoblauch zubereiten musste und Jasper als Ersten kosten ließ. Und dann kotzen ließ.

Diese berechtigten Schreie, dieses gut begründete Wimmern meine ich nicht. Diese Art des Wimmers geht nämlich schnell wieder weg. Worauf ich hinauswill, ist das ausdauernde Hochfrequenz-Jaulen, zu dem nur ans Krankenlager bestellte Klageweiber und extrem gelangweilte Kinder fähig sind.

Wenn ein Sturzkampfbomber der deutschen Luftwaffe damals im Luftraum über Polen in den Sturzflug ging, stieß er dank seines sehr schnell im Fahrtwind rotierenden Minipropellers, der sogenannten »Jericho-Trompete«, ein nervenzerfetzendes Jaulen aus. Das war ein wichtiger Teil der deutschen psychologischen Kriegsführung im Zweiten Weltkrieg.

Und das Vorbild dafür waren Kinder.

Kinder, die »Ich will was essen!« jammern. Eine halbe Stunde nach dem Abendbrot. Oder »Ich will was trinken!«. Und Kinder, die KEINEN Hunger und KEINEN Durst haben, aber ganz dringend müssen. Und der Druck aus der Blase oder aus dem Darm drückt die Körperwände des simpel konstruierten Kinderkörpers dergestalt auseinander, dass die Stimmbänder oben im Hals in die Länge gezogen werden. Wie das Mundstück eines Luftballons, das man auseinanderzieht, um die ausströmende Luft schön schrill quietschen zu lassen.

Oder: Man will dem Kind mal was Gesundes zu essen geben, aber das Kind plärrt: »Ich wollte einen Döner ohne Zwiebeln!!!«, während seine Finger im bestellten Döner ohne Zwiebeln rumstochern und anklagend auf so weißes Zeugs dadrin zeigen.

Weil das allerdings – wie bestellt – ein Döner ohne Zwiebeln ist, wird die Klage des Kindes abgewiesen mit den Worten: »Das sind Fingernägel vom Dönermann. Oder Weißkohl. Beides hat Vitamin C und schmeckt nach nichts.«

Doch das Kind ist fest davon überzeugt, dass das dicke, fette Zwiebelspäne sind, die das Kind essen soll, weil seine Eltern es hassen. Und sowieso ist alles so unfair!

Kinder plärren auch gerne mal rum, wenn sie mit dem Kopf in einem Brückengeländer feststecken. Weil die kleinen Forscher wissen wollten, ob der Kopf da durchpasst. Und dann stecken sie fest, und man muss sie retten. Und man fragt sich: Warum eigentlich? Hier und jetzt könnte mein neues Leben beginnen. Schnell weglaufen und in Wuppertal eine Herrenboutique eröffnen!

Was man dann aber doch nicht tut. Denn man ist ja doof, also verantwortungsvoll. Man guckt in der Hosentasche, ob man was dabeihat, ein Stück Butter oder Maschinenöl, womit man den Kinderkopf dick einreiben und dann da rausziehen kann. Sonst würde einem ja was fehlen, nämlich dieses Kind, dem dieses Pfeifen aus dem Kopf kommt, wie es sicherlich eine heißgelaufene Nähmaschine ausstößt, während sie mit Nadeln um sich schießt, die einem präzise die Trommelfelle zerschießen!

Damit die Kinder gerettet werden, hat ihnen die Natur diese Sirenen verpasst.

Mit einer Sirene verhält es sich aber folgendermaßen: Sie sollte umsichtig und möglichst selten eingesetzt werden, damit man auf sie reagiert. So dass man sich erschreckt, zusammenzuckt, aufspringt und zu ihr hinläuft, wenn sie jault, um sie auszuschalten. Wird eine Sirene zu häufig eingesetzt, stumpft man jedoch ab und ignoriert sie. Wird sie dann trotzdem immer weiter eingesetzt, entzünden sich schon bald die Gehörgänge. Diese Entzündung streut schnell auf die Nervenstränge.

Kinderstimmen werden nicht ohne Grund oft in Horrorfilmen eingesetzt. Und letztlich macht einen das nicht selten grundlose, völlig überzogene und rotzdämliche Kindergeschreie so porös, dass man laut Lieder von Udo Jürgens abspielen muss, um die kreischende Brut nicht mit einer groben Holzlatte zu erschlagen. »Immer wieder geht die Sonne auf« ist ein unfassbar deeskalierender Song. Glaubt mir. Ich weiß es. Ohne dieses Lied hätte man das Mietshaus, in dem ich wohne, schon abreißen müssen. Weil eine bestimmte Wohnung darin aufgrund familiärer Umstände unrenovierbar geworden wäre und die Statik des kompletten Altbaus ihre Funktionsweise eingebüßt hätte.

Wir schreiben Woche sechs und Tag drei oder vier oder sieben der freiwilligen Corona-Selbstisolation. Im Frühling des Jahres 2020 – die Älteren werden sich erinnern.

Du hast das Zählen aufgegeben, denn jeder Tag ist gleich. Das weißt du schon, bevor du morgens wach wirst. Auch heute wird wieder nichts Überraschendes passieren, was deinem Alltag Würze verleihen könnte. Jede Hoffnung auf eine Besserung der Lage wird durch die Nachrichten verlässlich zunichtegemacht. Es gibt eigentlich keinen Grund mehr, morgens aufzustehen.

Wären da nicht diese hohen Kinderstimmen. Sie waren gestern da und vorgestern und sie werden morgen da sein und übermorgen. Und du willst sie einfach nur noch zum

Schweigen bringen. Egal wie. Du weißt jedoch, dass dich jede deiner dafür erdachten Methoden in die Sicherheitsverwahrung brächte.

Dort hättest du zwar endlich deine Ruhe. Aber willst du wirklich ein Vierteljahrhundert in Gesellschaft von entmenschten Schwerverbrechern verbringen, mit denen du nicht mal ein Bier trinken würdest, wenn sie dir eine entsicherte Wumme an die Schläfe halten?

Also legt man, um den Kindern das Leben zu retten, wieder mal Udo Jürgens auf. »Und immer immer wieder geht die Sonne auf.« Augenblicklich bricht man zusammen. Man ist ein Klumpen heulender Nervenmatsch, der sich zuckend in einer dampfenden Pfütze aus Tränen wälzt.

Kann man diese hohen Kinderstimmen im Fall einer freiwilligen Selbstisolation oder zumindest im Familienurlaub oder bei einem Kindergeburtstag nicht runterdimmen? Gibt es nicht irgendwo auf der Welt ein Mittel zu kaufen, das ein Antagonist zu Helium ist? Ein Gas, das kleine zweibeinige Feuermelder in angenehm brummende Bassbärchen verwandelt, die mit einer Stimmlage irgendwo zwischen Torsten Sträter und untertourigem Diesel ganz langsam und mit absoluter Ruhe beiläufig erwähnen, dass sie eventuell gerade von einer Biene ins Auge gestochen wurden? Und ob Mama oder Papa da vielleicht mal nachgucken könnten, ob die Biene noch am Auge dranhängt, denn die hat ja Widerhaken im Stachel. Das muss aber nicht sofort sein. Geht auch morgen oder nächste Woche.

Ich meine, wenn das Kind in der Lage wäre, sein Verlangen so entspannt auszudrücken, dann würde man doch SOFORT reagieren! Und zwar PANISCH SCHREIEND!

Aber mit diesen hohen Kinderstimmchen geht es auf Dauer nicht gut. Und dann rennen die Kleinen einem auch immer hinterher! Mit ihren kleinen, flinken Flitzebeinchen.

Jeder persönliche Moment, jeder kleine Tagtraum, jeder Anflug einer Idee, ja, jedes Denken an NICHTS wird im Trommelfeuer ihrer ADHS-induzierten Silbenartillerie an Ort und Stelle hingerichtet. Und sie reden so schnell. Und sie reden so laut. Und sie müssen einem immer irgendwas erzählen, das totaaaal wichtig ist!

Und wenn man ihnen sagt, dass man gerade mal nicht zuhören kann, weil man sich konzentrieren muss, dann plärren sie erst recht los. Und schon hat man ein schlechtes Gewissen. Und SIE haben gewonnen!

Aber das Allerschlimmste ist: Man wird bald genau wie sie. Laut, schrill, unkonzentriert, aufgekratzt. Und wenn mal nichts passiert, guckt man nach, ob gerade was passiert sein könnte, und ob man irgendwem bei irgendwas helfen kann.

Oh, wie schön wäre es, wenn jedes Familienmitglied eine tiefe Brummbärstimme hätte, wie sie nur Menschen erzeugen können, die sich nach einem bekömmlichen Essen satt und zufrieden den Bauch streicheln? Wäre das nicht friedlich? Keiner hätte mehr Lust, einem anderen Familienmitglied die Gurgel rauszureißen. Man hätte Lust, Liebe zu machen. Alle Verspannungen würden sich lösen, niemand hätte einen harten Rücken. Jedes Familienmitglied wäre sympathisch, jeder Tag wäre ein Wannenbad in geschmolzener Butter. Und man hätte, wäre man YouTuber mit so einer Stimme, bei jedem Stream drei Millionen Zuschauer, weil man einfach nur: ganz tief brummt. Denn das hören alle gern. Stundenlang kann man das ertragen.

Im Gegensatz zu hohen, süßen und lauten Kinderstimmchen.

Halten wir fest: Kinder machen taub. Sie machen einen außerdem schwach, alt und dement. Sie saugen dir das Blut aus dem Kopf, während sie stundenlang im Akkord fragen: »Darf ich fernsehen? Darf ich fernsehen? Darf ich fernsehen?

Darf ich fernsehen?« und mit der Antwort: »Nein! Nein! Nein! Nein!« überhaupt nichts anfangen können. Weil sie von einem anderen Planeten kommen, unsere Sprache nicht sprechen und das Konzept »Widerspruch« nicht schnallen. Sie wollen recht bekommen, die kleinen Wutbürger, die ihren Stuhlgang nicht unter Kontrolle haben.

Am Ende hat man graue Haare, grauen Star und sauren Atem wegen der Magengeschwüre. Man ist von Udo Jürgens auf die Amigos umgestiegen. Die bringen zuverlässig jedes Jahr ein neues Album raus, das exakt wie das Album davor klingt. So dass der Hörer gar nicht merkt, dass ein weiteres Jahr sinnlos vergeigt und unwiederbringlich vergangen ist. Diese sedierende Musik ist genau das Richtige, um sabbernd und hospitalisiert auf den Tod zu warten.

Der kommt aber nicht. Es ist ihm zu laut. Wegen der Kinder.

Wenn Sie also Ihre Libido nicht unter Kontrolle haben und wenn Sie ungefähr zehn Jahre lang oder länger gerne von einem heulenden Sturzkampfbomber angegriffen werden wollen, hinter dem Sie auch noch herrennen müssen, weil er seit fünfundzwanzig Minuten endlich mal Zähne putzen soll, dann benutzen Sie beim hastig durchgeführten Geschlechtsverkehr kein Kondom. Es sei denn, Sie haben ein Mittel erfunden, das aus schönen, hohen Kinderstimmen ein noch schöneres tiefes Brummen emulgieren kann. Eine Salbe für die Ohren, die stärker aushärtet als Fensterkitt. Damit nichts, nichts, absolut nichts mehr reinkommt.

Außer diesem tiefen, schönen Brummen.

Wenn Sie so etwas erfinden würden, hätten unzählige Eltern auf diesem Planeten Sie noch lieber als ihre eigenen Kinder.

DER HARZ KOMMT!

Es war einmal eine Zeit, in der viele Menschen mit einem Billigflieger in ihren Billigurlaub geflogen sind. Der Preis für diese Reise entsprach oft nicht mehr als dem Preis eines belegten Brötchens an irgendeinem Hauptbahnhof einer deutschen Großstadt. Für so ein Brötchen, das mit Käse, Wurst, Tomate, Salatblatt und einem halben Eimer Mayonnaise beladen ist, muss man ja »ein Vermögen« hinlegen. Wenn man fürs gleiche Geld allerdings einen Urlaub inklusive Flug kriegt, »kann man nicht meckern«. Die Floskel »kann man nicht meckern« ist das am häufigsten gebrauchte Qualitätsurteil der Deutschen. Denn wenn selbst der Deutsche nicht mehr meckern kann, dann ist etwas richtig, richtig gut! »Kann man nicht meckern« wird so häufig verwendet, dass die Stiftung Warentest besonders hochwertige Produkte oder Dienstleistungen eigentlich mit »Kann man nicht meckern« adeln müsste, als Steigerung von »Sehr gut«.

Aber zurück zum Billigurlaub. Manchmal bieten Reiseveranstalter ihre Reisen so billig an, dass sie vor lauter Faszination über den kleinen Preis vergessen, mit ihrer Dienstleistung Geld zu verdienen. Viel zu spät wird ihnen dann bewusst, dass sie kein staatliches Gesundheitssystem aus der Zeit vor dem Neoliberalismus sind, das nicht zwingend Gewinne abwerfen musste, sondern eher dem Gemeinwohl verpflichtet war. Und zack: Die Pleite ist da. So ging es auch dem Reiseunternehmen Thomas Cook. Als die hochseriöse Firma mit dem Namen des pfiffigen Weltentdeckers Insolvenz anmeldete und ihre Dienstleistungen einstellte, waren dummerweise die meisten ihrer Kunden gerade im Urlaub.

Alles Menschen, die dachten, sie könnten durch eine Reise mit Thomas Cook der Realität entfliehen. Und nun wurden sie von dieser Realität eingeholt. Durchschnittliche Mitteleuropäer aus gediegenen Vororten in wirtschaftlich prosperierenden Gegenden hatten plötzlich eine leise Ahnung davon, wie es wohl sein muss, von fundamentalistischen Rebellengruppen aus der eigenen Wohnung vertrieben und durchs Hinterland gejagt zu werden. Menschen, die dachten, sie stehen auf der sicheren Seite der Globalisierung, waren plötzlich mit wenig Gepäck in Ländern gestrandet, deren Sprache sie nicht sprachen und deren Kultur ihnen fremd war. Dass so ein Schicksal auch Mitteleuropäer ereilen kann, war eigentlich seit 1945 verboten!

Die Nachrichten brachten Bilder von weinenden Pauschalurlaubern, die versuchten, sich und den Rollkoffer aus dem eisernen Griff des regionalen Hotelpersonals zu befreien, das die Rechnung fürs Zimmer eintreiben wollte - von einem Urlauber, der dachte, sein Reiseveranstalter hätte bereits alles bezahlt.

Weil Pleiten und Pandemien heutzutage immer häufiger bei der Urlaubsgestaltung mitreden wollen, sollte man von vornherein auf Nummer sicher gehen. Mit einem Urlaub im Harz. Der liegt in Mitteldeutschland, ist also für alle Deutschen nicht so weit weg.

Macht man dort Urlaub, tut man das Heiligste, was es in Deutschland gibt: Man rettet Arbeitsplätze. Denn es ist doch so: Jede politische Entscheidung wird daran gemessen, ob sie bestimmte Arbeitsplätze vernichtet, erhält oder schafft. Wobei jeder Arbeitsplatz in der Kohleindustrie, den Subventionen zufolge, hundertmal so wertvoll sein muss wie ein Arbeitsplatz in der Solarzellenindustrie. Ganz oben auf der Leiter stehen natürlich die Arbeitsplätze in der Autoindustrie. Die sind den Deutschen noch heiliger als den Indern die Kühe! Wichtiger als Entspannung, Lebensqualität, schöner als Musik oder auch frischer als Luft ist dem Deutschen der Arbeitsplatz!

Auch wenn die Arbeit scheiße ist, wenn sie deinen Körper ruiniert, auch wenn man dort gemobbt wird oder wenn man vom Kaffee in der Bürocafeteria einen schlimmen Ausschlag kriegt und bunt wird: Hauptsache, man hat einen Arbeitsplatz.

Würde Gott Arbeitsplätze schaffen – die Deutschen würden wieder an ihn glauben.

Und hier kann man ganz konkret durch einen Urlaub im Harz Gutes tun. Denn die Tourismusbranche im Harz wird seit Jahren durch Missachtung gestraft. Sie ist so gut wie nicht mehr existent. Weil die Leute lieber Sangria auf Malle schlucken statt Schierker Feuerstein in Bad Harzburg.

Durch die neuerdings langen trockenen Sommer stirbt im Harz auch noch der Wald. Und damit bleiben nun auch noch waldverliebte Wanderer aus. Viele tausend Arbeitsplätze im Harztourismus sind vom Klimawandel bedroht. Das weiß nur keiner. Denn die Nachrichten berichten lieber wochenlang von völlig verunsicherten Politikern, die die letzten drei Festangestellten in irgendeiner halbverrotteten Braunkohlegrube retten wollen.

Doch der Wind dreht sich, hurra! Unsere Kinder wollen jetzt die Welt retten.

Also nicht alle, aber einige.

Ich meine die, die freitags auf der Straße demonstrieren. Nutzen wir die Gelegenheit. Unser Nachwuchs kann die Welt nicht mehr nur mit einem Transparent in der Hand retten, sondern ganz praktisch auch im nächsten Urlaub. Nicht nur am Freitag – an jedem Tag!

Auf diese Art und Weise wird sich entscheiden, wer das mit der Weltrettung ernst meint und für wen der hippe Aufstand nur ein Surftrip auf einer Trendwelle ist. Denn echte Weltrettung ist kein Ponyhof, da muss man raus aus der Komfortzone. Das heißt: Wandern ist angesagt! Denn natürlich sollte man nicht mit dem Auto in den Harz fahren. Autofahren ist so letztes Jahrhundert!

In ist ein klimaneutraler Fußmarsch über mehrere Stunden mit den Lendenfrüchten zum und durch den Harz. Das wird fein! Das Motto lautet: richtiger Fußabdruck statt CO2-Fußabdruck! Wer läuft, hat auch einen Arbeitsplatz. Denn er ist gut damit beschäftigt, nicht hinzufallen – mit dem Zelt vorm Bauch und dem Dreißig-Kilo-Rucksack aufm Rücken. Der braucht kein Tablet zum Seriengucken und keine Playstation zum Fifa-Zocken. Dank großflächig verteilter Funklöcher wird im Harz jedes Smartphone auf die sinnentleerte Existenz eines flachen Batzens Elektroschrott heruntergestuft. Im Harz empfangen die hochgezüchteten Dinger höchstens noch einen halben Balken. Mit diesem Rest Mobilfunk erübrigt sich auch das alberne Zappeln für TikTok. Wir sind hier schließlich im Herzen der führenden Wirtschaftsnation Deutschland und nicht irgendwo in der italienischen Pampa, wo jeder Olivenbaum volle 5G hat. Die eigenen Teenies haben im Harzurlaub eh keine Hand für Insta frei. Sie werden nämlich den Harz aufforsten. Megaviele Bäume pflanzen. Morgens, mittags, abends! Mit den eigenen Griffeln im Dreck wühlen statt immer nur die Basis chillen. Immer auf der Suche nach den ganz tollen Pilzen, die ihnen versprochen wurden und von denen sie im Club oder auf dem Schulhof schon so viel gehört haben. Muskelkater statt Katzenfotos!

Der Proviant ist selbstverständlich fleischlos: echter Harzer Käse, vom regionalen Erzeuger, frisch und roh in der Mitte, der ist innen weiß und quillt beim Kauen im Mund ordentlich auf. Da ist selbst das Essen Arbeit. Saurer Atem statt saurer Regen. Unsere Kinder wollen die Welt retten? Also bitte!

Greta hat den Anstoß gegeben, unser guter alter Kapitalismus hat mit der Thomas-Cook-Pleite den Anreiz gesetzt, und die Globalisierung hat durch den sehr zügigen Weltexport eines brandneuen Krankheitskeims Fakten geschaffen, um Flüge zu vermeiden. Ich wünsche jetzt schon mal viel Spaß im nächsten Harzurlaub. Und grüßen Sie mir die Brockenhexe! Die nutzt zwar auch einen Billigflieger, aber der fliegt immerhin klimaneutral.

WÄHLT MICH NICHT

An Politkabarettisten wird gern mal die Aufforderung herangetragen, Kanzler zu werden. Dann würde es nämlich anders laufen. Dann würde alles gut werden, nämlich so gut, wie es der Kabarettist gerade drei Stunden auf der Bühne erzählt hat.

Ich glaube aber nicht, dass irgendein Politkabarettist Lust hat, sich den Politikbetrieb anzutun. Dann müsste er (oder sie) stundenlang im Plenarsaal rumlungern. Man müsste Reden hören, die man nicht versteht. Und man müsste, wenn man beim fraktionsinternen Streichholzziehen verliert, selber eine Rede halten. Zu einem Thema, von dem man keine Ahnung hat. Und dann verhaspelt man sich, weil man beim Mittagessen in der Bundestagskantine eine Weißweinschorle zu viel auf Ex getrunken hat, und zack, sendet das die »heute-show«. Das kann doch keiner wollen.

Außerdem muss man sich nicht nur mit den Nattern aus der eigenen Fraktion rumärgern, sondern auch mit den Wendehälsen vom ehemaligen Koalitionspartner, die jetzt in der Opposition sitzen und alle Redebeiträge, die sie früher abgenickt und mitgetragen hätten, torpedieren - nur weil die nicht von ihnen kommen.

Und dann, auf dem Weg zum Auto, muss man durchs Foyer, wo Armeen von Lobbyisten darauf lauern, die Restbestände an Würde im Abgeordnetenkörper mit viel Geld weichzukochen und durchzufermentieren. So lange, bis sich die Handflächen des Volksvertreters willenlos nach oben drehen, um die richtig großen Scheine abzugreifen.

Dennoch sind international schon einige Leute aus der Welt der Unterhaltung in die Politik gerutscht, siehe Ukraine, Island und USA. Mich hat bisher noch niemand gefragt. Doch für den Fall der Fälle habe ich prophylaktisch schon mal ein

Wahlprogramm geschrieben. Ich wäre bereit, dieses auf jedem kleinen Marktplatz des Landes vorzutragen. Von dicken Eisenzäunen vor den Eingeborenen geschützt und in gehörigem Abstand natürlich, damit mich ihre Fackeln und Forken nicht treffen, würde ich in einer feurigen Rede postulieren, was ich mit dem Volk vorhabe.

Dabei wäre ich guter Dinge. Weil ich wüsste: Ich darf hier wieder weg. Und die da vor mir müssen dableiben.

So, die Einleitung war lang genug, jetzt geht's ans Eingemachte. Meine Damen und Herren, liebe Wählerinnen und Wähler, packen wir's an:

Hallo ihr. Bald gibt's hier wieder 'ne Demokratiesimulation, genannt Wahl. Ich sage an dieser Stelle ganz deutlich: Wenn es nach mir ginge, würde danach alles anders werden, denn dann müssten alle ran!

Warum ginge, warum würde, warum müsste?

Nennt mich König Konjunktiv, denn ich will ja nicht gewählt werden. Schon gar nicht von euch. Ich kenne euch nicht, und ich will auch nichts mit euch zu tun haben. Damit ihr mich nicht wählt, hier mein Wahlprogramm:

Wirtschaft: Volle Kraft voraus für die Digitalisierung. Ich bin für gläserne Bürger, bargeldloses Zahlen und papierlose Toiletten mit WLAN und Kamera, die dem Kühlschrank melden: Download abgeschlossen.

Thema Arbeitsmarkt: Freunde, es gibt nicht mehr wirklich viel zu tun. Die Rasenmäherroboter mähen den Rasen, Sanifair-Toiletten machen sich selber sauber und Alexa bestellt im Internet Schuhe für Siri. Denn Menschen brauchen ja keine Schuhe mehr. Weil sie E-Scooter und Segway fahren. Wofür nervt uns die Evolution noch mit Beinen?

An Beinen wachsen Fußnägel. Das ist widerlich. Keiner braucht das.
Wir lernen: Vollbeschäftigung ist ein Märchen. Jedoch: Digitalisierung und Automatisierung machen bald was? Richtig: Noch mehr Arbeitslose.
Dann ist Ende im Gelände, Schicht im Schacht, Finger im Po, Mexiko!
Ich sag's nur, falls einer fragt. Weil aber niemand das Wort arbeitslos mag, werde ich das Wort abschaffen und durch »glücklich« ersetzen. Das macht die Nachrichten erträglicher. Wie klingt das hier: »Die Zahl der Glücklichen ist auf einem neuen Höchststand«? Klingt doch supi!
Und niemand muss Angst vor Armut haben, denn Geld gibt's weiterhin. Ich führe nämlich irgendwann das bedingungslose Grundeinkommen ein. Sechstausend Euro monatlich. Jeder kriegt exakt dasselbe. Ohne zu arbeiten. Als Gegenleistung muss jeder nur von acht bis achtzehn Uhr zu Hause bleiben und ist endlich auch mal da, wenn die DHL-Drohne klingelt. Wie ich das finanzieren will? Mit einer Maut auf Rolltreppe fahren, Laufband fahren und Fahrstuhl fahren. Nur für Leute mit Rollator, Rollstuhl und Kinderwagen isses umsonst. Der Rest, also alles, was zwei gesunde Beine hat, nimmt die Treppe. Damit ihr faulen Säcke euch mal wieder bewegt. Ihr seid alle zu fett. Ich darf das sagen, ich will ja nicht gewählt werden.
Folgende Steuervergünstigungen werden gestrichen: alle. Damit finanziere ich das bedingungslose Grundeinkommen. Pendlerpauschale gibt's nur noch für Standuhren.

Thema Sozialgefälle: Solange es noch Hartz IV gibt, muss jeder Porsche-Cayenne-Fahrer die Patenschaft für vier Hartz-IV-Empfänger übernehmen. Die muss er mehrmals wöchentlich zum Pfandflaschensammeln chauffieren. Damit er weiß, warum er so einen Monstertruck fährt. Und wo ich schon mal dabei bin: Autos sind rollende Konservendosen. Was ist drin? Gammelfleisch mit Hackfresse. Und davon viel zu wenig. In so ziemlich jedem Fünfsitzer sind vier Sitzplätze frei. Bei Lebensmitteln nennt man das Mogelpackung. Aber wenn die Mogelpackung aus drei Tonnen Stahl besteht, isses in Ordnung? Ich sage: Schluss damit! Ich führe die Pflicht zur Fahrgemeinschaft ein. Wer dennoch allein im Auto erwischt wird, kriegt die leere Karre bis unters Dach mit Zalando-Paketen vollgestopft, die er ausliefern muss!

Ich denke auch an eine Generalmaut. Maut für alles, was einen Seitenstreifen hat. Auch Adidas-Hosen. Und Zahnpasta. Damit finanziere ich das bedingungslose Grundeinkommen. Falls einer fragt, ob man Geld zurückkriegt, wenn man rückwärtsfährt: NEIN!

Auch die Dreckschleuder namens Militär wird umweltfreundlich. Weil Kampfflugzeuge, Panzer, Kriegsschiffe und so weiter viel mehr Schmutz in die Luft blasen als alle Kreuzfahrtschiffe und Kohlekraftwerke zusammen, wird die Bundeswehr auf Elektroantrieb umgestellt. Es gibt nichts Friedlicheres als einen sechzig Tonnen schweren Elektro-Leopard 2, der alle fünf Meter für dreißig Stunden an die Steckdose muss.

Bildung und Kultur: Nach meiner Machtergreifung gibt es im Unterricht nur noch ein Fach: Udo Jürgens. Da ist alles drin: Musik, Deutsch und Sexualkunde.

Freunde des Abendlandes! Jeder Einwohner unserer leitkulturfixierten Nation muss aus dem Kopf achtzig deutsche Volkslieder auswendig draufhaben. Es wird Verkehrskontrollen geben zum spontanen Abfragen und Vorsingen mit vorgehaltener Waffe. Wer da nicht aus dem Stand alle sieben Strophen von »Der Mond ist aufgegangen« oder »Joana« intonieren kann, verliert umgehend sämtliche Bürgerrechte und wird noch am selben Tag nach Chemnitz abgeschoben. Damit im Restland die Mischung wieder stimmt und in Chemnitz nicht mehr so viel leersteht.

Ernährung und Gesundheit: Drei Schnitzel pro Tag braucht keiner. Die Kühe pupsen uns den Planeten heiß und die Schweine scheißen uns ins Trinkwasser. Alles voller Nitrat. Im Bad wachsen schon sprechende Maiskolben aus dem Zahnputzbecher. Parallel dazu laufen draußen immer mehr Arthrose-Monster mit hochrotem Pumpekopf durch die Gegend. Vor denen bleibt man stehen, weil man denkt, die Ampel ist rot. Vierzig Jahre Schweinefleisch, herzlichen Glückwunsch!

Mit mir wird's gesunde Ernährung geben. Wer nicht dreimal täglich mit seiner E-Zigarette einen grünen Smoothie raucht, kriegt nur noch Termine beim Tierarzt. Bäm!

Politik: Ich führe die direkte Demokratie ein. Das wollt ihr, das kriegt ihr, dann habt ihr's! Das heißt, jeder bekommt wöchentlich einen fetten Stapel Unterlagen nach Hause, die er durcharbeiten muss. Damit er die Fakten zum Volksentscheid kennt. Und dann heißt es abends nicht mehr Netflix gucken oder »In aller Freundschaft« oder »Game of Thrones« – das ist wie »In aller Freundschaft«, nur ohne Freundschaft. Dann heißt es abends Akten fressen. Freibadsanierung, Pflegeversicherungsverbesserungsgesetz, Abwassersammelgrubenverordnung. Jeder Scheiß wird vom Volk entschieden.

Jeden Freitag ist Volksabstimmung. Und draußen an jedem Haus hängt ein großer Bildschirm, der anzeigt, wer wofür oder wogegen gestimmt hat. Damit das alle wissen. Man kriegt dann öfter mal Besuch. Von denen mit der anderen Meinung.

Trotzdem gibt's noch Wahlen. Aber: Leider viel zu oft schon musste die Mehrheit unter dem leiden, was ihr die Nichtwähler-Dödel durchs Nichtwählen eingebrockt haben. Schluss damit. Wer zukünftig nicht wählen geht, dem wird auf dem Handy das Datenvolumen gedrosselt. Nur noch zwei MB im Monat. Das reicht für einen halben Song auf Spotify und ein Selfie in Schwarzweiß auf Insta. Das ist die Sprache, die sogar Nichtwähler verstehen.

Am Ende noch Folgendes: Mit mir gibt's das Menschenrecht auf schlechte Laune. Jeder darf rund um die Uhr angepisst sein. Lächeln muss man nur noch in Ausnahmefällen. Jeder darf so gucken wie im Ausweis.

Also: Merken Sie sich mein Gesicht. Und bitte wählen Sie mich nicht. Und wenn doch, mache ich Sie nach der Wahl mit meinen weiterführenden Vorstellungen bekannt, die da wären: Solizuschlag fürs Saarland, Tempolimit für Goldfische und noch mehr Generalüberwachung durch Kameras jetzt auch am Staubsauger-Roboter und im Thermomix. Und natürlich wie bisher durch Payback-Punkte sammeln, Cookies im Internet und schöne kostenlose Smartphone-Apps.

Denn wie sagte schon meine Großmutter: Umsonst ist nur der Käse in der Mausefalle.

Danke.

DIE DOMINA IN WEISS

Ich bin ein Relikt der jüngeren europäischen Geschichte, ein Zeitzeuge des Kalten Krieges. Ich habe den Kampf zwischen Sozialismus und Kapitalismus live miterlebt, die Kapitulationsurkunde der Verlierer trägt auch meine Unterschrift. Ich habe Zahnfüllungen aus beiden Gesellschaftssystemen im Mund. Die erzeugen Strom. Ich bin autark. Wenn ich mein Smartphone aufladen muss, beiße ich rein.

Manchmal muss ich eine der besonders alten Füllungen restaurieren lassen. Und immer öfter kommt der Zahnarzt dabei nicht weiter. Dann schickt er mich zu einem Spezialisten. Einem Endodontologen. Wenn Sie nicht wissen, was das ist, könnte Sie die folgende Reportage interessieren. Viel Vergnügen!

Ich befinde mich in der Praxis eines Endodontologen. Der Endodontologe ist der Ausputzer, der Reinemacher. Ein Auftragsmörder im Zahnarztkittel. Beim Endodontologen landet man, wenn der Zahnarzt mit seinem Latein am Ende ist. Der Endodontologe steht ganz oben auf der dentalen Karriereleiter. Er ist der Endgegner der Entzündung, der Bestatter der Bakterien.

Der Arbeitsplatz eines Endodontologen befindet sich zwar wie der eines schnöden Zahnarztes zwischen den aufgerissenen Zahnreihen eines Menschen. Aber ER, der Endodontologe, guckt durch ein Bildschirmmikroskop da rein. Er ist fast ein Drohnenpilot. Er könnte auch von zu Hause aus arbeiten. Aber er geht gern in die Praxis. Dort gibt's Freigetränke. Grauburgunder satt. Außerdem wird der Endodontologe sehr viel besser bezahlt als ein Zahnarzt. Und zwar vom Patienten.

Aber lassen wir ihn, den Profi, selbst zu Wort kommen: »Ich wollte schon immer was mit Menschen machen. Am liebsten draußen an der frischen Luft. GSG 9 vielleicht, Löcher in Terroristen bohren, mit dem G 36. Das wär's gewesen. Wird aber nicht gut bezahlt. Ist halt staatlich. Also mach ich jetzt das hier. Guantanamo mit Eintritt. Ich bin die Domina in Weiß, hahaha.«

Ich weiche seinem Grauburgunderatem aus und notiere.

Er erzählt weiter: »Die Krankenkasse übernimmt meine Behandlung nicht, die Zahnzusatzversicherung deckt das auch nicht ab. Die Leute müssen das schön selber zahlen. Und ohne Betäubungsspritze kostet extra. Das ist mein Service für Impfgegner. Biete ich erst seit Kurzem an, geht aber richtig durch die Decke. Der Impfgegner wischt der Pharmalobby eins aus, und ich kann mir zwei Teslas vor die Tür stellen. Den einen lade ich auf, den anderen fahre ich leer. Der Kunde hier«, er zeigt auf den aktuellen Patienten, »wollte auch das Komplettpaket. Keine Betäubung und besonders grobe Bohraufsätze aus dem Kaukasus – Kaukasus, hahaha, verstehen Sie? Und er wollte einen Stuhl, der beim Bohren mit vibriert. Er will das Bohren richtig spüren, richtig erleben. Er ist Freund des Ursprünglichen, hat er gesagt. Zurück zu den Wurzeln, hat er gesagt. Das ist gut, das ist auch mein Motto. Was ich hier mache, ist ja komplett bio: keine Zusätze und richtig schön teuer. Herrlich. Früher habe ich gern Yoko Ono singen hören. Und jetzt lasse ich ihre Lieder von meinen Kunden nachträllern, har har har!«

Ich notiere.

Herzhaft lachend wendet er sich dem Bündel zu, das gefesselt auf dem Behandlungsstuhl liegt. Freiwillig. Die Beine sind zwischen Hüfte und Knöchel mit Gaffertape verklebt. Seine Handgelenke und Ellenbogen wurden mit Kabelbindern an den Armlehnen fixiert. Passt, wackelt nicht und hat keinen

Platz. Aus den Winkeln des weit geöffneten Mundes ragen zwei dicke Saugstutzen.

»Ach komm, so schlimm wird das schon nicht werden«, muntert der Dienstleister seinen Kunden auf, »denken Sie einfach an was Schönes. Eine Hexenverbrennung, das Gesicht von Wolfgang Kubicki. Oder eine Hexe mit dem Gesicht von Wolfgang Kubicki. Na, tut gleich weniger weh, gell?«

Zu mir gewandt spricht der Facharzt: »Eigentlich wäre ich gern Metzger geworden. Aber Tiere sind so ausdrucksarm, das stört mich. Die reagieren nicht so kreativ auf Schmerzen, die gucken immer gleich dämlich. Da ist die menschliche Schmerzmimik irgendwie abwechslungsreicher. Und das reizt mich. Zu sehen, wie ein mir völlig Fremder aus sich rausgeht, wenn ich in ihn reingehe. Verstehen Sie? Haha.«

Und schon treibt der Endodontologe seinen Zahnarztbohrer mit dem dabei entstehenden Obertongeräusch in den Kiefer seines Patienten. Das menschliche Bündel vibriert wie ein Mobiltelefon bei Anruf. Hinter der blauen Baustellenfolie, mit der die Mundhöhle verkleidet ist, wimmert jemand um Gnade. Mit einer Stimme aus dem Jenseits.

»Der jammert ja noch besser als Yoko Ono. Hahaha. Wissen Sie was?«

Ich verneine.

»Meine Geräte lasse ich mit echtem Atomstrom antreiben. Original aus Russland. Hab mir extra ein Kabel legen lassen. Von Gerhard Schröder persönlich. Man muss den Putin unterstützen, wo es geht. Guter Mann. Außerdem liefert nur Atomstrom die Power, die ich hier brauche. Windenergie oder Strom aus Licht, das ist doch Pussysaft. Mit Solarzellen kann man höchstens Leselampen betreiben, hahaha. Es gibt ja auch Leute, die sich von Licht ernähren. Alles Spinner. Für echten Strom müssen Atome gespalten werden. Mit dem Presslufthammer. Von echten Kerlen mit freiem Oberkörper. Wie Putin. Is so!«

Mit diesen Worten schaltet der Spezialist seine Grubenlampe an. Dabei blickt er in sein Spezialmikroskop, das den kaputten Zahn seines Patienten auf Saarlandgröße heranzoomt. »Mit diesem Gerät kann ich den kaputten Zahn auf Saarlandgröße heranzoomen.«

Ich bin gespannt, was er sieht.

»Ach du Scheiße! Das Saarland! Alles entzündet. Ich muss einmarschieren. Astrid«, damit meint er seine Assistentin, die mal Maschinenbau studiert hat, »wir gehen jetzt auf drei Millionen Umdrehungen.«

Der Endodontologe setzt sich eine Schweißerbrille auf, »Nur zum Spaß!«, und beschleunigt seinen Bohrer. Das Jaulen der Maschine steigert sich zunächst in das schon mal gehörte druckvolle Fiepen, bevor es fürs menschliche Ohr unhörbare Frequenzen erklimmt. Aus der Mundhöhle steigt gelber Rauch. Draußen vor dem Fenster heulen drei Hunde synchron auf. Dann knallt es. Ein Mops hat einen Nervenzusammenbruch erlitten und ist von außen gegen das Fenster gesprungen. Nun rutscht der fladenbrotige Mopskörper in Zeitlupe zuerst die Scheibe und dann die Hauswand herunter. Ein Mitarbeiter der Berliner Stadtreinigung font ihn mit dem Laubbläser in den Rinnstein. Damit keiner drauf ausrutscht.

Man könnte diesen Laubbläser hören, wenn nicht zeitgleich im Inneren der Praxis ein Industriestaubsauger angeworfen worden wäre.

»Damit sauge ich meinen Arbeitsplatz frei, ich hab's gern sauber«, sagt der Weißkittel, während er den Sauger in den Kopf seines Patienten steckt. »Wie das blutet, nice! Da habe ich wohl einen Brunnen gebohrt, hahaha!«

Er freut sich wie ein Kind und lichtet mit dem Smartphone sein Werk ab. »Gleich mal posten.«

»Sie posten den Zustand Ihres Patienten? Sie unterliegen doch der ärztlichen Schweigepflicht!«, empöre ich mich.

»Ja, glauben Sie, ich bin unter meinem Klarnamen bei Facebook? Ich bin doch nicht bescheuert. Und Schweigepflicht hat ja wohl gerade der da! Außerdem ist das immer wieder ein Highlight auf der Weihnachtsfeier der Ärztekammer, wenn sich die Kollegen aller Fachbereiche gegenseitig ihre Schnappschüsse aus dem OP zeigen. Oder glauben Sie, Proktologen machen keine Selfies auf der Arbeit? Vor der Tunneleinfahrt? Der zugedröhnte Halbnackte kriegt das doch gar nicht mit!«

Er posiert vor seinem Patienten, der auf dem Liegestuhl vor sich hin wackelt, während der Sauger dessen Kopf leerschlürft, und erläutert uns seine kommenden Arbeitsschritte. »Wenn der ganze Abraum aus dem Tagebau unter mir abgetragen ist, spüle ich mit hochkonzentriertem Chlor nach. Dann jage ich einen Impulslaser da rein, der das Chlor hochenergetisch aufpimpt. Das ist die gleiche Technik, die Gott beim Urknall verwendet hat. Wenn alles schön sauber geätzt ist, stecke ich Füllstangen in den Zahn und zünde sie über Bluetooth an. Die Stangen bestehen aus dem gleichen Schwarzpulver wie die Feuerwalzen von Rammstein. Die fackeln alles ab und schweißen hinter sich zu. Dieser Zahn wird sich zukünftig genau überlegen, ob er noch mal nervt. Früher musste ich zum Versiegeln mit Hammer und Sichel uranverstärkte Plomben in die Zähne kloppen, aber diese Methoden aus der Zeit des Warschauer Pakts gehören Gott sei Dank der Vergangenheit an.«

Und damit verabschiede ich mich. Ich habe genug gesehen. Ich wünsche dem Endodontologen noch alles Gute und werde heute Abend, das schwöre ich mir, wirklich wieder drei volle Minuten Zähne putzen. Und diesmal nicht mit Cola nachspülen. Das ist nämlich schlecht für die Zähne. Hab ich im Internet gelesen.

KNUSPERMUSKEL UND NIERENSCHÄNDER

Willkommen in Bad Unheimlich, willkommen auf unserem Wolkenmarkt. Ja, richtig, wir haben unseren Weihnachtsmarkt in Wolkenmarkt umbenannt. Aus folgenden Gründen: Wenn ein Weihnachtsmarkt nicht mehr Weihnachtsmarkt heißt, angeblich aus Rücksichtnahme vorm Muselmann, kriegt er super Promo im Internet! Du kannst wildfremde Leute dazu bringen, für dich Werbung zu machen, ohne ihnen dafür Geld zu zahlen. Nenn deinen Weihnachtsmarkt einfach nicht mehr Weihnachtsmarkt - und schon wittern die Trolle eine islamistische Verschwörung und pupsen ihre Anklage ins Internet. Automatisch jaulen dann dort die weiteren ehrenamtlichen Islamisierungsopfer auf, die seit Jahren ihre deutsche Identität mit Hilfe von Windows 8 an der Tastatur ihres asiatischen Computers verteidigen.

Und noch besser: Die auch im Internet lebenden freiberuflichen Richtigsteller erklären ziemlich schnell auf Twitter allen anderen, die das schon wissen, warum du deinen Weihnachtsmarkt umbenannt hast: Weil du nämlich auch noch nach den Feiertagen verkochten Billigwein und abgelaufenes Mastfleisch zu Mondpreisen verticken willst.

Und, bumm, weil dein nicht mehr »Weihnachtsmarkt« heißender Markt im Internet die Runde gemacht hat, weiß jetzt jeder, dass er immer noch stattfindet. Zack: Laufkundschaft, Umsatz, zweite, dritte und vierte Eigentumswohnung auf Teneriffa und das alles, ohne einen einzigen Cent für Werbung ausgegeben zu haben. Es ist so einfach!

Aber zurück zu unserem Wolkenmarkt. Unser Wolkenmarkt findet diesmal bis Anfang Juni statt. Das war früher undenkbar, aber da seit einiger Zeit im Dezember kein Schnee mehr fällt, ist den Freunden von Freiluftgastronomie bei unberechenbarer Wetterlage komplett schnuppe, ob sie im Winter oder im Frühling unter einem Heizpilz stehen.

Freuen Sie sich also auch zu Ostern und Pfingsten über saisonales Abzockeressen wie Pilznudelpfanne, Kartoffelschrundpfanne, Möhrenkrautpfanne oder Brotrandpfanne.

Besonders beliebt sind hier bei uns natürlich die regionalen Leckereien wie der Knuspermuskel und das verspannte Nackensteak, das beim Reinbeißen leise »Ah!« macht. Als Getränk dazu empfehlen wir den steirischen Magenstülper. Eine Spezialität aus dem Sauerland. Eigentlich erfunden als Brandbeschleuniger für Hexenverbrennungen, ist diese Schorle aus Teerdestillat und Rosinensud als extrem aggressiv machende Festtagsspezialität bekannt, die schon viele Lebern und Ehen zerstört hat.

Oder wie wäre es mit einem Gallensaftgurgler? Ein stark gezuckerter Heißwein, der im Volksmund als neuronaler Nierenschänder verulkt wird und viele Arbeitsplätze in der örtlichen Dialyseklinik sichert.

Weil man ja auf einem Bein nicht stehen kann, empfehlen wir noch einen Bauchspeicheldrüsenverweser oder einen klassischen Reierpunsch. Zum Aufsaugen zwischendurch vielleicht einen Crêpe?

Lösen Sie Ihren Bausparvertrag auf und investieren Sie nur zwölf Euro (für die Älteren: das waren früher mal hundertachtundsechzig österreichische Schilling) für einen leckeren Döner-Crêpe. Das ist ein Crêpe vom Drehspieß, der sich über einem doppelten Adventskranz dreht. Bestrichen nur mit »Soße scharf«, sonst nichts. Wenn Sie den verdaut haben, brennt bei Ihnen die fünfte Kerze. Aber ganz woanders.

Vergessen Sie auch nicht, ein Lebkuchenherz zu kaufen. Das sind drei Kilo selbstgebrannte Liebe aus Ziegelstein mit Lebkuchenaroma und Betonzucker obendrauf. Sie selber würden da nie reinbeißen, aber es soll ja auch ein Geschenk sein. Oder eine Waffe.

Beliebt ist unser Wolkenmarkt auch als Eventlocation für die Weihnachtsfeier to go. Mittelständische Belegschaften lassen den Feierabend gern beim »Ralligen Holzmichel« ausklingen, der Glühweinbude für die ganz Harten. Hier gibt es den halben Liter Hallertauer Hodenschweller schon für fünfzehn Euro (für die Älteren: Das ist eine Telekom-Aktie). Das Getränk macht allein durchs Dran-Schnuppern notgeil, zeugungsunfähig UND vergesslich.

Da hat der StartUp-CEO kein schlechtes Gewissen mehr, wenn er am nächsten Morgen nur mit einer Weihnachtsmannmütze über dem Piephahn durch die Katzenklappe aus dem Kinderzimmer der Auszubildenden flieht. Man kann sich nämlich schon unten vorm Haus, beim Warten aufs Fluchttaxi, an nichts mehr erinnern.

Auch in diesem Jahr kommt die besinnliche Weihnachtsmarktmusik im beliebten Sound der Venga Boys wieder von der Gruppe »El Lute con Poncho«.

Das sind unsere ortsansässigen vietnamesischen Blumenverkäufer, die in ihrer Winterpause Panflöte am Schmalzkuchenstand spielen – weil sie genau wissen, was die Deutschen mögen. Darum werfen sie sich in bunte Folklorefummel, um auszusehen wie Transgender-Apachen, die ein Strickwarengeschäft ausgeraubt haben. Unsere Leib- und Magenband lässt auch diesmal wieder ihre Milz erbeben zu den schönsten Festtagssongs wie »Rababambam« und »Joana, du geile Sau«.

Das ist der Rhythmus, der Dschihadisten sofort kehrtmachen lässt. Finden Sie heraus, wie lange SIE zuhören können, bis Ihnen alle Sicherungen rausfliegen und der Glühwein als große warme Welle, auf der eine Schupfnudel surft, aus dem Bauch flieht.

Was auch immer Sie hier bei uns tun: Wir wünschen frohen Aufenthalt und anschließend gute Besserung.

PLÄDOYER FÜR SCHEISSMUSIK

Wichtiger Hinweis: der folgende Text enthält vulgäre Sprache. Er wurde nach dem Genuss extrem schlechter Musik verfasst, und zwar in einem seltsamen Zustand unerklärlicher Entspannung und Gleichgültigkeit. Vielleicht haben Sie, liebe Leserin, so etwas ja auch schon mal am eigenen Leib erfahren.

Scheißmusik. Sie ist überall. Im Radio. In der »New Yorker«-Filiale. Im Autoscooter. Auf den Handys der anderen. Auf der CDU-Wahlkampfparty. Die Scheißmusik.

Aber an Plätzen, an denen sich die Trinker gern versammeln, am Ausgang des Hamburger Hauptbahnhofs beispielsweise, da, wo es zur U-Bahn hinuntergeht, ist die Musik nicht scheiße. Ausgerechnet dort läuft feinste Klassik. Um die Trinker zu vertreiben. Vermutlich weil man denkt, dass die Trinker denken: »Ah, das ist Feine-Leute-Musik, die der Elite vorbehalten ist. Also ziehe ich von dannen. Ich weiß schließlich, wo mein Platz ist. Nicht hier. Der Grund für meine Lebenssituation ist irgendwas Genetisches. Habe ich bei Thilo Sarrazin gelesen. Und jetzt läuft hier Klassik, schnell weg. Ich bin schließlich nur ein einfacher Trinker und kein weltgewandter Clochard.«

Dass die Trinker das denken, ist zumindest der Plan.

Funktioniert aber genauso gut wie andere Pläne. Nämlich gar nicht: Die Trinker sind ja auch nur Menschen. Die mögen Klassik. Die schunkeln dazu. Die haben ihren Lebensstandard wegen der tollen Musik sogar upgegradet. Sie trinken den Rotwein nicht mehr aus dem Tetrapack, sondern aus Actimel-Bechern. Ich habe dort sogar mal einen gesehen, der hat RICHTIGES Bier getrunken. Duckstein, das Oettinger für Yachtbesitzer. Wenn rauskommt, wer das wirklich trinkt, ist Ducksteins Image im Arsch! Das darf nicht rauskommen.

Man sieht: Gute Musik ist schlecht für das Zementieren des sozialen Status. Scheißmusik jedoch ist wichtig, damit alles so bleibt, wie es ist. Sie macht antriebsschwach. Sie ist textarme Durchhalteparole und dreiakkordiges Sedativum. Methadon zum Hören. Irgendein Hitradio an – und niedergeschlagen sein. Gäbe es keine Scheißmusik, würde das ganze System zusammenbrechen. Dann wäre es fürchterlich still auf dem Weihnachtsmarkt. Und auch auf dem Wolkenmarkt.

Dann würden die Menschen nicht mehr nur auf der Autobahn mit Tempo zweihundert aus sich rausgehen. Sondern auch im realen Leben. Sie würden spüren, dass sie am Leben sind. Sie würden Gedichte verfassen, Farben fühlen und die Wolken beim Fluffig-werden bestaunen. Sie würden begeistert ausrufen: »Schaut auf diese Wolken! Habt ihr schon mal solche fluffigen Wolken gesehen?« Wenn die Leute das täten, sähe jeder einen Sinn im Leben. Keiner würde mehr so funktionieren, wie es das System für ihn vorsieht.

Also: Lasst die anspruchsvolle Musik den Hipstern. Ein paar Leute müssen schließlich auf den Zeitgeist achtgeben. Gut, dass diese Hipster das der schweigenden Mehrheit abnehmen. Kann sich doch nicht jeder während seines Studiums zum Fooddesigner mit Tocotronic auseinandersetzen. Wer holt denn den Müll, wer fährt die Kehrmaschine, wer steuert den Regionalzug oder sitzt bei Primark an der Kasse, wenn alle nur noch niveauvolle Mucke hören, bei der man sich so sehr konzentrieren muss, dass man den Rest des Tages nicht mehr ohne eine Rhabarberschorle übersteht? Niemand.

Scheißmusik muss sein. Sie saugt dir an der Fontanelle, schäumt das Gehirn auf und dichtet dich von innen ab. Sie jagt dir eine Gänsehaut übers Zahnfleisch. Damit du vergisst, wie wenig du in dem Job verdienst, der dich zwingt, am helllichten Tag im Shoppingcenter Billiglumpen aus Bangladesch zu verkaufen. Wenn du das acht Stunden am Stück gemacht hast, helfen dir nur folgende Zeilen, um nicht durchzudrehen:

»Lass uns die Wolke vier bitte nie mehr verlassen, weil wir auf Wolke sieben viel zu viel verpassen.«

»Ich muss nur noch kurz die Welt retten, denn ich bin einer von achtzig Millionen, hallo Lieblingsmensch, die immer lacht, die immer lacht, die immer lacht.«

Wer sowas hört, ohne schreiend mit Anlauf durch ein doppeltverglastes Fenster zu springen, hat nichts mehr zu verlieren, weil er schon alles verloren hat. Wer sowas hört und daraus Kraft bezieht, hat verdammt noch mal seine Gründe. Wer sowas laut stellt, ohne seine inneren Organe in einem Strahl auszukotzen, verdient unseren Respekt. Denn seine Nerven sind so zerrüttet, dass nur noch Scheißmusik in der Lage ist, sie ruhigzustellen. Damit er keinen Unsinn macht.

Zum Beispiel noch mehr Scheißmusik.

Es gibt schließlich schon genug davon.

WIE MUSIK ENTSTEHT

Wenn aus unserer Familie jemand leere Flaschen wegbringen soll, dann bin ich das. Aufgrund meines ostdeutschen Migrationshintergrundes wird mir notorisch unterstellt, dass ich schon am Geräusch Einweg- von Mehrwegflaschen unterscheiden kann. Aber so ist es nicht.

Und darum erhebe ich als offizieller Leergutbeauftragter unserer Familie nun laut klagend meine Stimme, weil ich jeden Tag aufs Neue, jeden Tag mehr, und zwar beim Pfandflaschen-Wegbringen, merke, dass in unserem Land etwas fundamental falsch läuft! Ich mache mir so meine Gedanken. Über Death Metal beispielsweise. Diese Spielart des Heavy Metal besteht nicht nur aus satten Gitarrenbrettern und intensiv geprügelten Schlagzeuggewittern, sondern vor allem aus vom Sänger geführten Selbstgesprächen in grunzender Lautsprache.

Der Gesang beim Death Metal ist ein sprachlicher Cocktail aus Flüchen, wie man sie ausstößt, wenn man morgens leicht verkatert in einem Hotel unter der Dusche steht, genauer in einem Designhotel, und nach dem Einseifen an dem Ding, das eine Mischbatterie sein soll, an dieser verfluchten scheiß Kunstinstallation von Grohe, mit schmierigen Seifenfingern erfolglos den Wasserhahn sucht, während der Seifenschaum aushärtet und zu jucken beginnt. Der zweite Bestandteil des satanistischen Death-Metal-Gesangs ist das Stöhnen eines Saunagängers beim einhundertachtzig Grad heißen Aufguss.

Seit Kurzem gibt es noch eine härtere Spielart des Death Metals, sie heißt Angry Empty Bottle Death Metal. Kreiert wurde dieser Stil in der Schlange von mir, an einem deutschen Pfandflaschenautomaten, und zwar von einem Familienvater, der versuchte, den Recycling-Anforderungen gerecht zu werden, die die Gesellschaft an ihn stellt, und daran scheiterte.

Dieser magische Moment der Musikgeschichte spielte sich ab am Pfandflaschenautomaten im »LPG«-Biomarkt. Besagter Familienvater rülpste bis dato noch nie von menschlichen Ohren vernommene, tiefdunkle Verwünschungen direkt in den Pfandflaschenautomat, dieses MRT für Leergut, hinein:

»Warum werde ich diese leere Bio-Apfelsaft-Flasche hier nicht los? Es ist verflucht noch mal die gleiche Apfelsaftflasche wie die, die es hier bei der LPG gibt. Nur habe ich sie drüben bei Denn's gekauft. Oder um die Ecke bei Bioland, was weiß ich? Aber ist das nicht egal? Es ist in Form, Farbe und Gewicht DIE deutsche DIN-Fruchtsaftflasche. Diese Fruchtsaftflasche aus deutschem Glasbaustein ist im ganzen Land bekannt. In Flensburg, in Oberammergau, in Bautzen und in Düsseldorf. Überall wird deutscher Saft in dieser deutschen Saftflasche verkauft. Jeder kennt diese Pulle, nur diese brunzdumme doofe Kiste vor mir nicht? Diese Flasche ist die deutsche Einheit. Sie sollte Kanzlerin sein, denn diese Flasche ist transparent, man kann sie aussaugen, man kann sie mit eigenen Inhalten füllen und wenn man ihrer überdrüssig ist, kann man sie zurückgeben und bekommt sein Geld wieder. Gibt es irgendeine Politpfeife, mit der man das Gleiche tun kann? Diese Flasche hier mag jeder Deutsche – es sei denn, er säuft Oettinger. Für diese fünf Kilo schwere, schusssichere Saftpulle hier muss man im Gym trainieren, um sie anheben zu können. In ihr kann man sogar Atommüll verklappen. Ein Schiff, das mit dieser Flasche getauft wird, sinkt! Postuliert der erboste Mitbürger, wobei er eine Oktave erreichte, die jedes Erdbeben neidisch gemacht hätte.

Wenn man diese Pulle falsch anhebt, hat man Rücken.

Ich habe jetzt Rücken. Habe sie hier in dieses Automatenloch gesteckt, nur um von dieser Riesenkiste, deren EINZIGE Aufgabe es ist, leere Flaschen zu schlucken, und die dümmer ist als eine Brötchentüte, gesagt zu bekommen, dass sie in einem

Bioladen, der deutsche Fruchtsaftflaschen mit deutschem Fruchtsaft drin verkauft, mitten in Deutschland, diese deutsche Fruchtsaftflasche nicht akzeptiert. Weil sie zwar aus der Region ist, aber nicht AUS DIESER REGION HIER! Weil ich nämlich diese Flasche, die es auch in diesem Bioladen gibt, nicht in diesem Bioladen gekauft habe, sondern gegenüber beim Feind! Ich empfinde das als grobe Kompetenzüberschreitung eines nationalsozialistisch verstrahlten lokalpatriotischen Pfandautomaten, und das prangere ich an!«

Während der erboste Mann röhrend wie ein erkälteter Hirsch sein Leid klagte, rammte er die Flasche immer wieder in den Pfandflascheneinzugsschacht, woraufhin sie der Automat dem Mann wieder in die Hand spuckte.

Immer schön im Takt. Und mit dem gleichen erniedrigenden Geräusch, das damals Jörg Drägers Kandidaten in Sat.1 um die Ohren flog, wenn sie den Zonk erwischt hatten, und weiter dröhnte es tief und finster aus dem Mann heraus.

»Mann, du Doofding! Warum kriege ich diese deutsche Saftflasche hier nicht los? Ich halte mich doch an eure Regeln. Ich bin Biodeutscher, ich weiß, was man hier zurückgibt: keine Weinflasche, keine Eierpappe und auch keine abgeleckte Wurstpelle, wie das vielleicht Unwissende aus dem Ausland tun, für die das ein großer Integrationstest ist. Ich weiß, dass hier nur leergeschluckte Pfandflaschen reinkommen. Was ist das für eine vorkaiserliche Bioladen-Kleinstaaterei hier? Guck genau hin, du Automat. Da steht ›Bio‹ drauf. Und ›Der von hier‹, du blindes Ding. Ich ramm dir das Teil jetzt in den Hals.«

Der Mann tat, wie angekündigt. Jetzt ertönte ein anderes Piepzeichen. Im Display des Automaten erschien die höhnische Meldung: »Container voll«.

Der Mann wieder: »Was soll das heißen? Ich hab doch gar nichts reingesteckt! Spinnst du? Das ist Arbeitsverweigerung. Du faules Stück Elektroscheiße! Wo ist dein Stecker, ich such jetzt deinen Stecker. Und dann reiße ich ihn mit der Dose aus der Wand!«

Abwechselnd nach oben und nach unten Ausschau haltend hampelte der Mann, angetrieben vom ungebremsten Willen zum Umsturz, um den Automaten herum und grunzte dröhnend weiter: »Ich will doch auch nur funktionieren. Ich habe eine LPG-Mitgliedskarte, die Biocompany-Karte und die Payback-Karte. Ich kaufe Mehrweg, weil Tetrapacks scheiße sind. Ich will den Wertstoffkreislauf schließen, und ein dummer Blechkasten mit Pfandflaschenbulimie will mich davon abhalten! Bei Edeka verweigert der Automat sogar die Annahme von Bio-Apfelsaftflaschen, die in exakt diesem Edeka verkauft werden. Was ist da los? Der Automat des LPG-Bioladens, also du, nimmt hingegen sehr wohl Joghurtgläser von Edeka an, obwohl in diesen Gläsern niemals Bio-Joghurt drin war und das Zeug darum logischerweise auch nicht in diesem Biosupermarkt vertickt wird! Darüber sollte Ken Jebsen mal was machen, aber das ist wohl selbst ihm zu doof! Ich schraub dich jetzt ab und schleife dich zur Metro, und da stopfe ich dich in einen noch viel größeren Pfandflaschenautomaten-Automaten rein. Mal sehen, wie viel Geld ich dann zurückkriege, HAAAAAAAAAAAAAAAAAAA!«

Es war eine besänftigende Tüte Eierplätzchen, die für Ruhe sorgte. Ein Auszubildender zum Einzelhandelskaufmann hatte sie dem Wutbürger in die Hand gegeben, hakte ihn unter und führte ihn sanft aus dem Laden, wo schon einer dieser jetzt überall rumstehenden YouTuber wartete, um mit dem musikalischen Newcomer einen Clip aufzunehmen, der später viral gehen sollte.

So entstand Extreme Angry Empty Bottle Death Metal. Eine Musikform, die ohne das verwirrende Wertstoffkreislaufsystem und Pfandflaschenautomaten undenkbar gewesen wäre.

MEIN CORONA-FERIEN-TAGEBUCH

Dies ist ein Tagebuch über die ersten Wochen der Corona-Pandemie im Frühjahr 2020 in einem beliebigen Privathaushalt mit zwei Kindern. Es ist ein Zeitdokument der grenzenlosen Toleranz und der bedingungslosen Liebe in Zeiten des gefühlten weltweiten Zusammenbruchs. Während sich draußen zeigt, dass die Menschheit zum Überleben nur Nudeln, Klopapier und Hefe braucht, spielen sich in einer Wohnung, die auf Anraten der Regierung nicht mehr verlassen werden soll, unfassbare Szenen ab.

Richtig Hände waschen!

Am Anfang einer Pandemie ist Hygiene sehr wichtig. Der Mensch hat das Rad erfunden, und er kann Atomraketen ins Weltall schießen. Und jetzt, mehr als zweitausend Jahre nach Jesus, lernen wir kurz noch, wie man sich richtig die Hände wäscht.

Man dreht den Wasserhahn so auf, dass möglichst brodelndes Wasser rauskommt. Es soll selbst zum Teebrühen zu heiß sein. Keine Seife im Haus? Schnell die eigene Mutter besuchen. Das ist die Frau, die Sie gerne erschreckt, wenn sie als einzige auf dem Festnetztelefon anruft. Besuchen Sie die Frau. Gehen Sie in ihr Badezimmer. Schauen Sie dort im Schrank nach.

Mit absoluter Sicherheit erblicken Sie dort den Kölner Dom, nachgebaut aus vielen hundert Seifenstücken. Direkt daneben hektoliterweise Kölnisch Wasser! Sie haben Ihre liebe Mutter lange als Prepperin verhöhnt, dabei hat sie einfach nur die Nachkriegszeit erlebt, den Kalten Krieg auf der falschen Seite (DDR), »Wetten, dass ...?« mit Wolfgang Lippert und die Agenda 2010 unter Gerhard Schröder.

Klarer Vorteil. Packen Sie also alle Seifenstücke, die Sie tragen können, in einen Ihrer mitgebrachten Bundeswehrrucksäcke.

Jetzt – das Wasser im Waschbecken läuft ja schon – seifen Sie jeden Ihrer zehn Finger einzeln ein. Mehrmals von oben nach unten. Singen Sie pro Finger fünfmal die Nationalhymne – egal aus welchem Land.

Nun haben Sie den Säureschutzmantel Ihrer Haut komplett zerschossen, aber wenigstens ist das elende Drecksvirus jetzt zu schwach, um hier und heute noch irgendwas zu infizieren! Zum Schluss noch ganz wichtig: Rubbeln Sie, um die bedingungslose Kapitulation des Keims unabwendbar zu machen, die wundgescheuerten Spitzen Ihrer Schrumpelfinger kreiselnd und mit kräftigem Druck über den Handteller. So lange, bis dort ein keltisches Sonnensymbol erscheint, das noch heißer brennt als die Sonne. Löschen Sie dieses mit 4711 ab. Herzlichen Glückwunsch! Sie haben das Virus endgültig eliminiert.

Sollten Sie keine Mutter mehr haben, verfügen Sie leider nicht über Seife und 4711. Also mischen Sie sich einen Seifenersatz aus Zahnpasta und Rohrreiniger in Ihrem Dreißig-PS-Küchenmixer, den Sie bei QVC bestellt haben. Und in dem Sie hin und wieder aus Kartoffelschalen, Kohlrabiblättern und kalter Spinatpizza grünen Smoothie schreddern, mit dem Sie Ihre Kinder ärgern.

Verteilen Sie Ihre Selfmade-Flüssigseife großzügig auf beiden Händen und rubbeln Sie den Todeskeim mit Akopads oder Schleifpapier kräftig in den Abfluss! Sprechen Sie dabei dreimal das Vaterunser. Wenn Sie das nicht mehr auswendig draufhaben, dann befehlen Sie Alexa, dass sie das Vaterunser aufsagen soll.

Jetzt sind Sie keimfrei genug, um bis zum Herbst zu überleben. Das einzig Dumme ist: Ihr Klopapier reicht nur noch für eine Woche. Aber dafür wissen Sie ja jetzt, wie man sich richtig die Hände wäscht.

Das öffentliche Leben

Der zweite Tag zu Hause mit der eigenen Familie. Mit meiner Frau und den beiden Söhnen Klempner und Fliesenleger. Wir haben sie so genannt, damit sie jetzt schon wissen, was sie später mal werden wollen. Damit dieser unsägliche Fachkräftemangel beendet wird. Der ist ja nicht automatisch vorbei, nur weil wir jetzt Corona haben.

Ist heute eigentlich Sonntag? Nein. Es ist mitten in der Woche. Und kein Feiertag. Und die Geschäfte in Berlin haben zu. Also die lebensnotwendigen: Tchibo, Media-Markt, Saturn, Spielzeugläden, McGeiz - alles geschlossen. Nur die Lebensmittelmärkte dürfen öffnen. Und die Restaurants - noch. Das Radio meldet, dass ab heute das öffentliche Leben auch im Land Brandenburg stark eingeschränkt wird. Ich war schon mal im Land Brandenburg und frage mich: Wo ist der Unterschied zu sonst?

In der Wohnung herrscht Aufregung: »Hui, eine nagelneue Pandemie! Ein Virus, das noch niemand hatte, gegen das kein Mensch auf der Welt Antikörper hat!«, freue ich mich. »Das ist Weltgeschichte, wir sind live dabei. Das kann ich dann also auch abhaken, nach der Trennung von Modern Talking, dem Zusammenbruch des Sozialismus, der Wiedervereinigung von Modern Talking und der zweiten Trennung von Modern Talking. Jetzt fehlt nur noch ein Atomkrieg.«

»Wenn wir die freiwillige Selbstisolation hier in der Wohnung auch nur eine einzige Woche überleben, kann der uns auch nichts mehr anhaben«, sagt meine Frau.

»Ich finde, du übertreibst, meine kleine Atombombe!«

Die Zeit nutzen

Wir haben ab sofort viel Zeit für Dinge, die wir immer schon mal tun wollten. Heute werde ich voller Elan meine Russisch-Skills weiter verfeinern. Dank einer Sprachlern-App lege ich Schicht für Schicht die damals in der DDR gelernten und unter der Hirnrinde eingewachsenen Vokabeln frei. Wobei, in den Achtzigern versuchte man ja vergeblich, mir Russisch beizubringen. Sechs Jahre lang. Und doch: Die Saat ist gelegt. Doch das ist über dreißig Jahre her. Ich kann gerade noch »Ja ljublju tebja, Chleb« sagen. Das heißt: »Ich liebe dich, Brot.« Aber hilft mir das weiter, wenn ich auf dem Spielplatz auch mal auf die Schaukel will, die gerade von einer russischen Mutter-Kind-Kombination blockiert wird? Russisch ist nun mal die Fremdsprache, die man bei uns im Viertel am häufigsten vernimmt. In den letzten Jahrzehnten sind viele Menschen aus Russland ausgewandert, weil sie nicht mehr ertrugen, wie super es ihnen dort ging. Und darum leben die meisten hier in Berlin. Vermutlich, weil sie diese Stadt an das kaputte Russland erinnert, das es früher mal gab.

Ich werfe einen Blick auf die Russisch-App. Puh, sieht das anstrengend aus. Ach du je – kyrillische Buchstaben! Puh! Warum wollte ich das noch mal lernen? Damit auf dem Spielplatz die Schaukel frei wird? Haha: Die Spielplätze hat man soeben zu verbotenen Zonen erklärt und mit Absperrbändern versehen! Guck mal, da: Ich hab ja noch Quizduell auf dem Handy! Das hab ich auch schon lange nicht mehr gespielt. Frage 1: »Thomas Gottschalk ist soeben siebzig geworden. Welche Ostblock-Sprache spricht man in Baden-Baden, das er sich als Alterswohnsitz erwählt hat, weil dort seine Geliebte wohnt, für die er seine Frau nach einhundertfünfundvierzig Jahren Ehe verließ, nachdem seine Villa in Beverly Hills bis auf die Grundmauern niedergebrannt war?« Na?

Äh, Russisch?

Ungeahnte Fähigkeiten

Meine Hypnosefähigkeiten machen Fortschritte. Ich kann jetzt nicht nur so lange durch das Fenster gucken, bis ich glaube, dass es sauber ist. Ich kann sogar ein hartgekochtes Ei so lange anstarren, bis es sich von alleine pellt!

Der Fliesenleger will mir zeigen, wie er mit Klopapierrollen jongliert. Das hat er sich dank TikTok selber beigebracht. Ich habe aber leider gerade keine Zeit, mir das anzuschauen. Ich muss das Ei hypnotisieren. So lange, bis es sich seine Schale wieder anzieht.

Ich höre jetzt wieder CDs. Heute eine Geräusche-CD, die ich mir 1992 gekauft habe. Mit Windgeräuschen, fallendem Regen in drei Stärken und einem polynesischen Befruchtungstanz. Gar nicht mal so schlecht, die Mucke.

»Wusstet ihr«, frage ich die Familie, »dass sich, wenn man eine CD in einem bestimmten Winkel gegen das Licht hält, zwei Regenbögen auf der Datenträgerseite bilden?«

Nein, sagen alle Familienmitglieder.

Ich kenne übrigens alle Seriennummern meiner CDs auswendig. Und ich weiß auch, in welchem Presswerk jede gepresst wurde. Obwohl CDs ja nicht gepresst, sondern bekanntermaßen im Spritzgussverfahren gefertigt werden.

Morgen habe ich Wikipedia auswendig gelernt. Aber was mache ich danach mit meiner vielen freien Zeit?

Der Dreijährige, der vor Corona noch Windeln trug, will mir zeigen, dass er sich selbst die Schuhe zubinden kann, während er mit Klopapierrollen jongliert. Ich kann mir das aber leider gerade nicht angucken. Ich muss mich auf mein dressiertes Ei konzentrieren. Heute soll es mir zeigen, wie es wieder flüssig wird.

Erste Maßnahmen

Ist heute Sonntag? Ist nicht an jedem Tag Sonntag? Der Indikator für Sonntag: Sonntags kann man kein Klopapier kaufen. Weil die Läden dafür geschlossen sind. Nun sind die Läden, in denen man Klopapier kaufen kann, zwar als einzige offen, aber es gibt trotzdem kein Klopapier. Überall ausverkauft.

Wenn man sich mit dem Coronavirus infiziert, wächst einem offenbar ein zweites Arschloch. Schlimm. Zum Glück hatten wir uns schon vor der Quarantäne mit den wichtigen Papieren eingedeckt. Aus Angst, dass in der Kita oder der Schule der Brechdurchfall ausbricht. Was ja jeden Tag passieren kann!

Nun sammeln wir Ideen, was man mit den Kindern aus Klopapierrollen so alles basteln kann: Feldstecher für Dumme, Fingerhandschuhe für Aufgedunsene, Sockenstabilisatoren oder immer leere Trinkbecher ohne Boden. Der Fantasie sind keine Grenzen gesetzt.

In den USA ist Präsidentschaftswahlkampf. Schon wieder oder immer noch? Den einen Kandidaten kennen wir nun seit mehr als drei Jahren. Also exakt so lange, wie unser kleiner Sohn auf der Welt ist. Unser kleiner Sohn ist in dieser Zeit ein reifer, reflektierter und schlauer Mensch geworden. Der US-Präsident will immer noch eine Mauer bauen. Der Mann ist über siebzig. Sein Gegenkandidat ist noch älter. Als Erich Honecker so alt war, haben sie ihn mit der Sackkarre aus dem Politbüro gerollt. Jeder der zwei Kandidaten, die zukünftig den Finger am Atomknopf haben, marschiert stramm auf die achtzig zu. Da kriegt man nicht nur unbändig große Lust auf die Zukunft, da bekommt auch der Begriff »Hochrisikogruppe« eine unheimliche Bedeutung. Und zwar für die komplette Menschheit. Gut, aber nun haben wir eine Pandemie, wer weiß, ob das nächste Jahr überhaupt eingeläutet wird.

Weil unsere kleinen Racker viel Bewegung brauchen, wollen wir im Netz ein Wohnzimmertrampolin bestellen. Kostet gar nicht mal so viel Geld. Noch haben wir ja welches.

Völlig neue Fähigkeiten

Kann es sein, dass der Dreijährige, während seine Füße mit acht Klopapierrollen jonglierten, gerade auf seinen Händen an mir vorbeigelaufen ist? Auf einem Hochseil? Zum vierten Mal? Ich habe es nur aus dem Augenwinkel gesehen, ich muss mich auf mein hartgekochtes Ei konzentrieren. Nachdem es sich selbst gepellt hat, hat es sich die Schale selber wieder angezogen. Nur durch Hypnose! Allerdings hat das immer noch zwanzig Minuten gedauert. Das muss schneller gehen, damit die Vorführung bühnenreif wird. Wenn ich diese abgefahrene Nummer ab Herbst im Kulturkraftwerk Poppenbüttel oder der alten Molkerei Fladderlohhausen präsentiere, rolle ich die Welt der Kleinkunst von hinten auf! Alle werden staunen. Also alle, die dann noch leben.

Ich brauche allerdings besseren Kleber, um die Eierschale wieder schnell und unbemerkt ans Ei dran zu kriegen. Mein bisher benutzter Alleskleber stinkt viel zu stark, den würde man sogar bis in die letzte Reihe des Olympiastadions riechen. Wo ich aber gar nicht auftrete, weil man dort in der letzten Reihe das Ei gar nicht mehr sieht.

Wie die Nachrichten melden, stoppen Daimler, Audi, BMW und Porsche ihre Produktion. Schade, gerade wollte ich mir fünf nagelneue SUVs kaufen. Gut, dass ich jetzt wenigstens kein Geld verdiene.

Die einhundertdreiundachtzig führenden Verschwörungs-YouTuber klären im Internet darüber auf, dass die ganzen Maßnahmen der Regierung nur dafür da sind, die Meinungsfreiheit dieser einhundertdreiundachtzig Verschwörungs-YouTuber einzuschränken. Damit von deren eingeschränkter Meinungsfreiheit auch jeder erfährt, sieht man die entsprechenden Videos nicht nur auf YouTube, sondern auch auf Facebook, Instagram Video, TikTok, Vimeo und sogar auf reaktivierten MySpace-Seiten. Jeder Clip hat mehr als hunderttausend Aufrufe in weniger als vierundzwanzig Stunden. Ich bin beeindruckt. Und alle Kommentare darunter geben den Videos sowas von recht, gerne in Großbuchstaben.

Ich rieche noch mal kräftig am Kleber und will ebenfalls meine Zustimmung bezeugen. Aber dafür muss man sich einloggen. Ich bin erbost. Seit wann braucht man ein Passwort, um seine Meinung zu sagen? Verdammte Weltregierung!

Wir trauen uns mal raus

Die Gebote der Zeit sind zwar Kontaktverbot und *Social Distancing*. Aber wir müssen mal raus aus der Wohnung. Weil wir kaum noch ertragen können, wie kreativ wir damit umgehen, freiwillig eingesperrt zu sein. Mit zwei Kindern unterhalb des Teenageralters, die also in einer Lebensphase stecken, in sie noch Energie haben.

Wir verlassen mit den Kindern die Wohnung, die Kleinen sollen draußen auch mal ohne Wände im Kreis laufen. Dort, im Freien, in Woche eins des »Kontaktverbots«, sehen wir, dass die Hochrisikogruppe, die über Sechzigjährigen, die Boomer, eben nicht in ihren Wohnungen weggesperrt wurde, sondern fröhlich schnatternd, eng zusammensitzend in den Straßencafés der Stadt oral Körperflüssigkeiten austauscht und sich gegenseitig ins Gesicht fasst. Fassungslos stellen wir uns vor sie und schütteln ob dieser frechen Renitenz vorwurfsvoll die Köpfe.

Aber worüber wundern wir uns eigentlich? Wir sind hier im alten Westberlin. Diese Leute sind alle irgendwann mal aus der BRD nach Westberlin geflohen, um den Wehrdienst zu verweigern und um Punker zu sein. Die haben sich noch nie was vom Schweinesystem vorschreiben lassen!

Nun sind sie seit Jahren im System angekommen. Da macht man die Vorschriften für andere, die man selber nicht befolgen muss. Kennt ja jeder auch von seinen eigenen Eltern.

Insgeheim aber freuen wir uns ein ganz klein wenig, dass demnächst viele große Wohnungen frei werden. Wenn dann auch die Immobilienpreise abstürzen wie jetzt gerade die Aktienkurse, kriegt jedes unserer Kinder eine eigene Bude. Die beiden haben uns lange genug auf der Pelle gehockt. Jeder Tag, den man mit kleinen Kindern zusammen auf engstem Raum verbringt, entspricht ab einem gewissen Frustrationslevel einem vergeigten Lebensjahr. Wenn Corona also vorbei ist, oder zumindest die erste Staffel davon, sind die lieben Kleinen gefühlt zweiundvierzig und vierundsechzig Jahre alt und können endlich ausziehen.

Der Klempner zeigt mir ein bunt angemaltes Holzstäbchen. »Guck mal, hab ich gemacht!«

Kinder soll man loben, also sage ich: »Das ist ein schöner Zauberstab.« Darauf er: »Nee, das ist ein Holzstäbchen. Ich hab's nur angemalt.«

Mist, wir haben vergessen, das Trampolin zu bestellen.

Technik, die begeistert

Ich gehe eine Runde auf dem Balkon spazieren. Schön im Kreis. Ist ein ziemlich langgezogener, ovaler Kreis. Wenn ich richtig schnell laufe, kann ich mir von hinten auf den Rücken klopfen.

Ich kann mit meiner Langeweile umgehen! Täglich checke ich auf Ebay-Kleinanzeigen den Wechselkurs für Klopapier. Gestern gab's für eine Rolle noch zwei Tüten Mehl. Heute nur noch eine. Morgen ist auch noch Sonntag. Am Wochenende steigen komischerweise die Preise. Was mich aber wirklich fertigmacht, ist die Tatsache, dass ein Kindertrampolin jetzt schon vierhundert Rollen Klopapier kostet. Das kann sich doch kein Schwein leisten!

Im Internet steht, dass sich die Leute in den USA mit Waffen und Munition eindecken. Verstehe ich nicht. Wenn man sich den Hintern mit einer Wumme abwischt, hat man mehr Löcher drin! Als bloß eins!

Meine Frau will meiner Schwiegermutter per Festnetztelefon Skype beibringen. Nach fünf Stunden Ferndiagnose verlangt die Tochter meiner Schwiegermutter eine kleine Pause, um in Ruhe in einen Kochlöffel zu beißen. Nachdem sie aus dem Kochlöffel ein Kinderkochlöffelchen und einen Stiel mit zerfetztem Ende gekaut hat, geht es weiter mit »Siehst du oben die blaue Leiste? ... Jetzt klicke unten links den Button mit dem Windows-Symbol. Den Button, den Knopf, den runden blauen Kreis mit den vier kleinen Vierecken drauf. Unten links!«

Ich bringe schon mal die Kinder ins Bett und warte, bis sie eingeschlafen sind.

An und aus

Ich werde von Tageslicht geweckt. Die Frau, die vor Jahren eine mir bis dahin unbekannte ältere Dame zu meiner Schwiegermutter gemacht hat, sitzt inmitten zerbissener Kochlöffel und brüllt ihren Laptop an: »Oben die blaue Leiste. Oben, rechte Maustaste! Halt, stopp, hast du mal versucht, an- und auszuschalten?«

Am besten, die Kinder und ich gehen gleich wieder ins Bett zurück. Im Gehen höre ich die Stimme der Schwiegermutter aus dem Laptop: »Jaja, beruhig dich. Ich hab mir jetzt ein Update gezogen, den Treiber installiert und in der Gerätesteuerung die Kamera neu konfiguriert, gleich müsste es gehen.«

Was erzählt meine Schwiegermutter da? Ich schiebe das mal auf eine Halluzination aufgrund meiner Müdigkeit. Am besten, ich lege mich wieder hin.

Die Kinder-Monologe

»Papas Brille ist kein Spielzeug!«

»Die volle Windel ist kein Spielzeug!«

»Der Teller ist kein Spielzeug!«

»Das Messerset ist kein Spielzeug!«

»Der heiße Kakao ist kein Spielzeug!«

»Der Senf ist auch kein Spielzeug!«

»Der Toaster ist kein Spielzeug!«

»Mein Smartphone ist kein Spielzeug!«

»Die Klobürste ist kein Spielzeug!«

»Das Bügeleisen ist kein Spielzeug!«

»Das Feuerzeug ist kein Spielzeug!«

»Mein linkes Nasenloch ist kein Spielzeug! Und mein Auge auch nicht!«

»Und deine Mutter ist auch kein Spielzeug! Nur noch fünfzehn Jahre, dann bist du achtzehn, dann ziehst du aus!«

»Sicher, dass man dann wieder raus darf?«

»Verdammt!«

Ist heute eigentlich Sonntag?

Ungeahnte Fortschritte

Der Laptop meiner Frau klingelt. »Das Geräusch kenne ich«, sagt sie, »das ist Skype!« Und tatsächlich, auf dem Bildschirm erscheint die nette ältere Dame, die ich ohne das fix und fertig aussehende junge Ding mit den müden, stecknadelkopfgroßen Augen und dem vor Staunen weit aufgerissenen Mund gegenüber des Bildschirms nie kennengelernt hätte. Die Frau im Laptop sagt: »Läuft bei mir. Was los, ihr Ottos? Ich hab 'ne neue Partition auf der Festplatte installiert, drei

Updates gemacht, den Arbeitsspeicher ein bisschen hochgetaktet, damit eure Gesichter auf Skype nicht mehr einfrieren, und Windows neu aufgesetzt, jetzt läuft alles so weit. Wenn ihr einverstanden seid, schneide ich das Gespräch mit, um die Aufnahme zu protokollieren und dadurch die Gesamtperformance zu verbessern. Also: Wie geht's? Oh, Moment, ich muss erst mal ein paar Tabs schließen, sonst spinnt Firefox wieder.« Dann hält sie sich eine große Halbliter-Weißblechdose an den Mund und nimmt einen großen Schluck.

»Was, äh ...«, meine Frau sucht nach Worten. »Äh, trinkst du am frühen Morgen Bier?«, fragt sie ihre Mutter.

»Nein, das ist Monster, ein sehr guter Energydrink. Die haben mir acht Paletten davon vor die Tür gestellt, weil ich mir die Dosen bei Insta an den Mund halte. Das nennen die Werbung, die Ottos. Ich mache Werbung und kann dabei zu Hause bleiben, fantastisch. Die Frau Sommer aus der Jacobs-Krönung-Werbung musste ihren Followern noch persönlich am Kaffeeregal im Supermarkt auflauern.«

»Hä? Wo bist du? Insta?«

»Ja, ich bin seit heute Nacht bei Insta. ›Motherboard‹ ist mein Name, ich poste nur Selfies mit dem Blumenkasten auf dem Balkon im Hintergrund. Hashtag #darfnichtraus. Schon fünfhunderttausend Follower, Alter!«

»Äh, Mama, hast du zu mir gerade ›Alter‹ gesagt? Und was ist das da?«

Meine Frau zeigt auf den Golden Retriever, den ihre Mutter krault. »Was ist das???«

»Na mein Hund, Alter! Ich hab das recherchiert. Erfolgreiche Influencerinnen auf Insta haben entweder einen Hund oder große Plastikhupen. Im Idealfall beides. Ich hab halt jetzt nen Hund. Für ein Foto mit Hund gibt's dreihundert Prozent mehr Likes, check meinen Podcast. Tschüss, ich muss jetzt 'ne Instastory droppen!«

»Wie redest du denn mit mir?« Meine Frau hat Schnappatmung, doch ihre Mutter hat schon aufgelegt.

»War das wirklich meine Mutter oder ein Deepfake-Enkeltrick?«, fragt meine Frau. Um das rauszukriegen, müssten wir ihre Mutter besuchen. Das dürfen wir aber nicht. Also werden wir das wohl nie erfahren.

Der Wind dreht

Heute ist Sonntag. Der große Sohn, der Klempner, soll sein Zimmer aufräumen. Damit es ordentlich aussieht. Er weigert sich. Irgendein Aufklärer aus dem Internet hat ihm gesagt, dass das gar nicht schlimm ist, wenn ein Zimmer unordentlich aussieht. Das muss sogar so sein. Und was die Eltern dazu sagen, sei Propaganda der Regierung. Und überhaupt hat er dazu eine etwas andere Meinung. Diese andere Meinung betrifft auch Hausaufgaben machen und den leckeren Schmorkohl, den Papa so oft kocht. Also, so oft eigentlich nicht. Nur einmal in der Woche, wirklich!

Trotzdem: Genau das wird er auch seinem Fliesenleger sagen, damit der kein Systemling wird, so wie wir welche sind. Bevor er ins Kinderzimmer verschwindet, ruft er uns noch zu: »Wir sind das Volk, der Fliesenleger und ich!«

Diesen Ruf sollten wir nicht zum letzten Mal hören.

Neue Namen

Wir beschließen, dass wir heute keine Lust auf Telefonieren mit der Oma haben. Denn heute ist Sonntag. Ist heute überhaupt Sonntag? Ist nicht gerade jeden Tag Sonntag? Wir werden den Tagen andere Namen geben. Wir benennen sie nach berühmten Figuren. Montag ist schrecklich, man weiß nicht, warum. Montag heißt ab sofort Erika Steinbach. Dienstag ist ein Tag ohne Eigenschaften, der kann Heiko Maas heißen. Mittwoch ist super, da kommt Hoffnung auf, Mittwoch heißt ab sofort Nelson Mandela. Donnerstag ist so eine Art Fahrstuhltag, der kann heißen wie ein Fahrstuhlmusik-Musiker. Nennen wir ihn Michael Bolton. Freitag heißt Sülze. Ach nee, Sülze ist kein Promi, Sülze ist Resteverwertung. Diese Woche heißt Freitag Greta. Samstag ist Wolfang Amadeus Mozart. Und Sonntag Pumuckl. Nächste Woche kriegen die Tage dann Namen von Körperflüssigkeiten (Gallensaft, Angstschweiß, Freudentränen, Menstruationsblut), danach sind Krankheiten dran (Männergrippe, Zahnstein, Mischhaut) und die Woche danach heißen die Tage wie Essen.

»Ich hab da noch 'ne andere Idee für die kommenden Wochen, mein Hasenbär«, sagt meine Frau.

»Hasenbär?«, frage ich.

Darauf sie: »Ich habe im Internet gelesen, dass Kosenamen dabei helfen, Familientragödien vorzubeugen, mein Igelschnäuzchen.«

»Stimmt, ich könnte mich mal wieder rasieren, meine Zaubermaus!«

»Oh, das hast du aber schön gesagt. Ich finde, wir sollten das mit den Wochentagen noch mal ausdiskutieren. Ich bin noch nicht ganz zufrieden mit der bisherigen Lösung: Es hat doch jeder Tag sein eigenes Image. Der Montag ist doch der mieseste Tag der Woche, der kann wie ein Gebrechen heißen. ›Offene Tuberkulose‹ oder ›Vorzeitiger Orgasmus‹. Mittwoch wie ein Traumurlaub, und am Sonntag gibt's in der Regel ein Sonntagsessen, der Sonntag kann doch wie ein Essen heißen, mein Feinschmeckerchen.« Und wir können uns jede Woche wieder andere Namen für die Tage ausdenken. Wir haben so viel Zeit.

»Und wonach nennen wir jetzt erst mal den Freitag, meine Schmuckschatulle?«

»Oh, da hast du aber schön gesagt, dass ich gerade Alleinverdienerin bin, die die ganze Familie durchschleppt. Wonach nennen wir den Freitag? Nach was Schönem. ›Lohnerhöhung‹ oder ›Richtig schöner Stuhlgang‹. Übrigens: Das Klopapier ist alle, mein Darmzotterich.«

»Was???«, rufe ich entsetzt.

»War ein Witz«, sagt der Klempner.

»Klopapierwitze sind durch, mein kleiner Stadionkomiker ohne Auftritte!«, sagt seine Mutter.

Die gute Seite der Pandemie

Wir spielen ein Brettspiel. Ich hasse Brettspiele. Wie immer kapiere ich die Spielanleitung nicht. Komischerweise gewinne ich trotzdem. Ich wundere mich darüber. Meine Frau rastet aus. Ich sage ihr: »Ist doch nur ein Spiel, mein Baldriankätzchen!«

Jetzt rastet sie erst recht aus. »Nur ein Spiel? Am Arsch, du, äh, blindes Huhu!«

Da hätte ich mich wohl echt mal zusammenreißen können. Wie soll das denn einigermaßen friedlich weitergehen hier in unserer Wohnung? Es ist ja überhaupt nicht klar, wann ein Impfstoff gegen die Fledermaustuberkulose gefunden wird. Ob wir die Wohnung je wieder für was anderes als zum Nudeln kaufen verlassen dürfen, steht in den Sternen. Doch es gibt einen Grund zur Hoffnung: Dieses Jahr kann Deutschland beim European Song Contest nicht Letzter werden. Wegen Corona wird der weltgrößte Wettbewerb für Katzenmusik in diesem Jahr ersatzlos gestrichen. Das zumindest ist doch mal eine gute Nachricht!

Wir brauchen Strukturen

Es ist Nachmittag, glaube ich. Meine Frau hat ein Bier in der Hand und sagt: »Ich müsste mich mal wieder rasieren.«

Oder bin ich das, der das gerade sagt? Irgendwie verschwimmen gerade Raum, Zeit und Wahrnehmung. Ich will keine

Einzelheiten wissen und höre mich sagen, dass wir einen Tagesplan brauchen, wir und die Kinder. In einer Situation wie dieser braucht man Strukturen, sonst ist alles voller Blut. Sie entwirft einen Plan. Der hat als zweiten Tagesordnungspunkt nach »Aufstehen« verrückterweise »Frühsport«. Was soll das? Ich google sofort die Nummer eines Scheidungsanwalts und rufe an: besetzt.

Auch der zweite: besetzt.

Unter dem Anschluss der Anwaltskammer ist eine Bandansage zu hören: »Aufgrund der Coronakrise kommt es zu sehr langen Wartezeiten bei allen Mitgliedern unserer Anwaltskammer, die sich vorrangig um Scheidungen kümmern. Also überlegen Sie sich das alles noch mal, schlafen Sie eine Nacht drüber und versuchen Sie es morgen wieder. Auf jeden Fall sollten Sie jetzt Abstand halten, haha ... Sie wissen ja, Kontaktverbot, haha! Und wenn das nicht hilft: Versuchen Sie es einfach mit Kosenamen.«

Kleine Wunder

Ich bekomme eine Mail von der Bahn. Darin steht Folgendes: In den Zügen, die noch fahren, hat die Bahn das Reinigungspersonal aufgestockt. Na super, jetzt wo ich gerade nicht mit der Bahn fahre, kann man da drin endlich vom Fußboden essen und gefahrlos aus der Kloschüssel trinken! Da muss erst so ein blöder*s Virus kommen, damit die Züge mal sauber sind. Und überflüssige Flüge nicht mehr stattfinden. Und überflüssiges Zeugs nicht mehr in überflüssigen Fabriken hergestellt wird. Und damit man viel mehr Zeit mit seinen Kindern verbringen kann. Und damit jeder Tag so schön ist, dass man ihn am nächsten Tag noch mal erleben will. Und sich dieser Wunsch am nächsten Tag prompt erfüllt. Ich bin so glücklich, dass ich pausenlos weinen könnte.

Langeweile

Ich: »Hast du Langeweile, Zuckerschnäuzchen?«

Frau: »Nein, jetzt nicht mehr, Bierpläuzchen. Ich hab keine Langeweile mehr. Weil ich dem einen Kind bei den Hausaufgaben helfe und das andere davon abhalte, sich umzubringen. Weil der kleine Süße wieder mal denkt, er kann fliegen. Weil er glaubt, immun zu sein gegen die Erdanziehungskraft. Und darum an der Heizung hoch aufs Fensterbrett klettert, das schmaler ist als seine Füße, ihn also niemals halten wird. Zwischendurch erkläre ich beiden Lendenfrüchten, wenn sie jammern, ihnen sei langweilig, dass das bei der Menge Spielzeug hier gar nicht sein kann. Das erkläre ich ihnen vom Aufstehen bis zum Schlafengehen. Zwischendurch mache ich noch Homeoffice, Essen und die Wäsche. Nein, ich glaube, mir ist nicht langweilig. Warum fragst du, mein wissbegieriges Naivlein?«

Ich: »Sonst könntest du dir ja im Internet ein Video angucken, in dem dir jemand Tipps gegen Langeweile gibt.«

Frau: »Kann dieser jemand hier vorbeikommen und sich entweder Schläge abholen oder auf die Kinder aufpassen? Damit er nicht mehr solche dummen Videos macht?«

Ich: »Geht nicht.«

Frau: »Warum?«

Ich: »Kontaktverbot, meine kleine Fernbeziehung!«

Soziale Verwahrlosung

Ich gönne mir einen Spaziergang. Habe einen Regenschirm dabei. Den spanne ich sofort auf, wenn sich mir jemand nähert. In der zweiten Hand hält mein Lichtschwert die Leute auf Abstand.

Eine junge Frau kommt mir entgegen, sie sieht mich und macht einen großen Bogen um mich rum. Was soll das? Bin ich hässlich? Rieche ich aus dem Mund? Und dann fällt es mir wieder ein: Ja, ich bin hässlich, und ich rieche aus dem Mund! Kein Wunder nach drei Wochen Knast.

Meinen drei Mitinsassen ist das nicht aufgefallen, die sehen ja auch genauso aus. Und, ich gucke nach unten: ach du je! Diese verdammte soziale Verwahrlosung. Wie geht so ein Hosenstall noch mal zu?

Schnell den Schirm aufspannen.

Das neue hippe Café unten an der Ecke bietet ganz was Abgefahrenes an: Coffee to go zum Mitnehmen. Wahnsinn! Woher ich das weiß? Weil ich alle Läden abklappere beim Versuch, Hefe zu kaufen. Wir brauchen dringend Hefe!!! Hefe, Hefe!!! Hefe ist aus.

Scheinbar stellen sich die Leute daraus Impfstoff her. Oder sie backen daraus Opferbrot, das sie Professor Drosten beim Podcast-Hören vor die Handykamera halten. Immerhin wissen jetzt wirklich alle, wo die Hefe im Kühlregal liegt. Da nämlich, wo nichts mehr liegt, wo eine riesige Lücke klafft! Haben jetzt alle den Verstand verloren? Erst das Klopapier, dann die Nudeln, jetzt die Hefe. Was machen die Leute damit? Zusammenrühren und Bier daraus brauen, von dem man stirbt? Ich lese auf irgendeiner Seite ein Interview mit dem Geschäftsführer des deutschen Verbandes der Hefeindustrie e.V.

Na sowas! Da muss erst so ein blödes Virus kommen, damit ich erfahre, dass es einen Verband der deutschen Hefeindustrie gibt! Ich finde im Internet ein Rezept, wie man selber Hefe fabriziert. Man braucht nur ein Glas, Wasser, Trockenobst und Zucker. Und acht Tage Zeit. Dann erhält man Hefewasser, das man sogar verlängern kann. Wichtig: das Glas zweimal am Tag schütteln. Und man soll den Deckel des Glases öffnen, damit die Gase entweichen können. Vermutlich sollte man dann auch offenes Feuer vermeiden. Herrje, da ist es ja einfacher, Crystal Meth zu kochen! Sicherlich kann es auch nicht schaden, wenn ich dem Hefewasser meinen polynesischen Befruchtungstanz von meiner Geräusche-CD aus dem Jahr 1992 vorspiele.

»Na, war's voll im Supermarkt, mein kleiner Kundschafter?«, fragt meine Frau, als ich nach Hause komme.

»Nein, in der Schlange für die Einkaufswagen war's voll. Aber dann im Supermarkt war's schön leer, meine Burgdame.«

»Wie viele Einkaufswagen haben die denn im Supermarkt, mein Meisterjäger?«

»Zwei. Und vier Kassen sind auf. Da sitzen sie breit grinsend drin und sagen jedem, dass pro Person nur eine Packung Klopapier erlaubt ist. Das ist voll DDR 2.0, sag ich dir! Es sei denn, man kauft auch Knäckebrot oder was anderes mit Ballaststoffen, dann darf man zwei Klopapierpackungen mitnehmen.«

»Und falls man sich am verseuchten Einkaufswagen infiziert – weiß man auch, wer den vorher hatte?«

»Ja, denn alle Kunden werden nach dem Bezahlen für drei Stunden am Pfandflaschenautomaten unter Quarantäne gestellt, wo sie lernen, wie Heavy-Metal-Sänger zu sprechen. Darum sind die Tiefkühltruhen und die Fleischtheke auch voll, hat ja keinen Sinn, Zeug zu kaufen, das in der Quarantäne verrottet und die Fliegen anlockt. Ich weiß übrigens, wann die Kitas wieder aufmachen, meine Löwenmutter!«

»Wann denn, mein Glücksbote?« Meine Frau starrt mich mit riesengroßen Augen voller Hoffnung an.

»Wenn man sein Kind im Einkaufswagen hinfährt, um den Sicherheitsabstand einzuhalten. Man hat ja nicht immer einen Peter Maffay oder ein Lichtschwert dabei. Sie machen also erst mal gar nicht auf. Es gibt ja fast keine Einkaufswagen mehr! Was gibt's denn heute zu essen?«

»Ach ja, essen. Diese elende Kocherei jeden Tag, ich kann bald nicht mehr! Heute gibt's Spaghetti Coronese.«

»Was ist das denn?«

»Nudeln mit Tomatensoße und Knäckebrot drin. Ein altes Rezept aus der DDR, und gerade wieder voll angesagt. So wie leere Regale, geschlossene Grenzen und ganz wenige Autos auf der Straße.«

»Mit einem Unterschied allerdings«, wende ich ein, »die Kitas hatten damals alle auf«.

»Und die Kinder hießen nicht Fliesenleger und Klempner, sondern Parteisekretär und Berufsoffizier der Grenztruppen.«

»Allerdings.«

Mal wieder Fernsehen gucken

Dieses große schwarze ICE-Fenster an der Wand, dieses Gerät, mit dem wir immer Netflix gucken, empfängt auch Fernsehprogramme. Fernsehprogramme sind, wenn das Kind beim KiKa-Gucken sagt: »Mama, mach mal Pause, ich muss pullern«, und die Mama sagt: »Geht nicht, ist Fernsehen«, und das Kind sagt: »Hä?«

Jedenfalls sind von diesen Fernsehprogrammen eine Menge in diesem Fenster drin. Das habe ich herausgefunden, ich hatte Zeit, denn es ist ja Sonntag. Jeder Tag ist Sonntag!

Faszinierend: Jede Randgruppe unserer Gesellschaft findet im großen Bouquet der Kabelsender ihren eigenen Spartenkanal. Da kommt nur das, was einen wirklich interessiert. Und nix anderes. Schlagerfreunde haben das Deutsche Musik Fernsehen, fleischfressende Baumaschinenfetischisten haben DMAX, fleischfressende Metrosexuelle haben SIXX, Gehirnamputierte haben RTL II und Freunde von französischen Fickfilmen, in denen auch geredet wird, haben Arte. Das sind die bekannteren Spartensender. Doch es gibt dank Fernbedienung noch viele weitere Perlen, die zu entdecken lohnt.

Meine interessantesten Entdeckungen habe ich hier mal aufgelistet:

Dioptrien TV – der Sender für Kurzsichtige in Full HD
Die Sendungen dort heißen unter anderem: »Da schau her«, »Die versteckte Kamera« und »Ich höre was, das du nicht siehst«.

Ein weiterer Spartenkanal heißt **ALLERGIE TV – der Sender mit Guckreiz.**

Was sieht man dort?

Eine Donnerstag-Abend-Comedy-Show namens: »Was juckst du?«

Eine Freitag-Abend-Backshow: »Bienenstich«.

Eine Spielshow am Vorabend: »Daddel oder Quaddel. Mit Naddel«.

Dann gibt's noch täglich »Gluten Morgen Deutschland – das getreidefreie Frühstücksfernsehen«.

Und weiter zum nächsten Sender:

Prost Sieben – der Sender für Leute, die gerne mal was wegschlucken

Hier das Tagesprogramm: Morgens um neun heißt es nicht »Volle Kanne«, sondern »Volle Pulle«.

Dann der Romantic Movie am Sonntag: »Rosamunde Pichler«.

Direkt danach das Magazin für Pegeltrinker: »Spiegel TV«.

Was für Weintrinker ist dabei: »Titel, Tresen, Temperamente – das Kulturmagazin«.

Auch die Emanzipation soll nicht zu kurz kommen mit der Sendung: »Frauenrausch«.

Natürlich gibt's auch eine Krimiserie: »Soko 4711 – die ganz Harten«.

Dann jeden Dienstag, für alle, die's genauer wissen wollen:

»Wieso das denn? Das Wirtschaftsmagazin« »Wiiiiesso dass dennn?«

Samstagabend gibt's natürlich eine Musikshow: »Willkommen bei Carmen Küstennebel«.

Auch hier findet sich eine Promi-Challenge-Show: »Ich bin in der Bar, holt mich hier raus«.

Und das Konzerthighlight zu Weihnachten ist eine Organspenden-Gala: »Die drei Tremöre«.

So, dann schalten wir mal weiter. Was haben wir denn da?

Schwarte – der Kultursender für Fleischesser

Hier die Sendungen:

»Meat and Greet – das große Fan-Event – triff heiße Metzger aus deiner Stadt«.

»Pfanne will – der Tiertalk« – moderiert von Sandra Fleischberger.

Die große Tauschsendung: »Ein Herz für Niere – denn auf das Innere kommt es an«.

»Fetten das!« – die große Brateshow mit Kai Pflaumeimspeckmantel.

Außerdem gibt's eine satirische Kochshow von jungen Comedians mit Migrationshintergrund: »Sieben Tage, sieben Köfte«.

Danach wird sauber gemacht in der unterhaltsamen Putzsendung »Der Bratortreiniger«.

Jeden Mittwoch dann die bunte Zaubershow mit Jürgen von der Rippe namens »Unter Panade kann man viel verstecken«.

Spät am Abend dann eine Late-Night-Show, in der nur gegessen wird, Achtung, toller Titel: »Futternight«

So, jetzt aber Fernseher aus und ab ins Bett!

Don't stream ist over

Das Internet entfaltet seine volle Wirkung. Wir sind süchtig nach Streams. Corona hat uns angefixt. Wahnsinn, was so alles im Internet gestreamt wird. Schriftsteller streamen, wie sie aus ihren Bestsellern lesen. Comedians erzählen Witze vor Bücherregalen. Pianisten streamen, wie sie Klavier spielen. Köche, wie sie kochen. Ein Tischler, wie er ein Regal aufbaut. Und tatsächlich streamt jemand, wie er Streams guckt.

Das ist alles so spannend, man kommt vor lauter Streams gucken kaum noch dazu, selber ein Leben zu haben.

Bei einem zufälligen distanzierten Zusammentreffen im Hausflur beschweren sich unsere Nachbarn: »Ach, ihr seid zu Hause? Man hört euch gar nicht!«

Wir sind ihnen also zu leise. Gut, wir können auch anders! Ab sofort spielen wir »Frauentausch« nach. Wir kannten diesen RTL II-Klassiker gar nicht, bis wir ihn auf YouTube entdeckten. Extra für unsere Nachbarn zitieren wir nun schön laut die Originaldialoge:

Frau: »Mach mal die Spüle sauber, ich hab da keinen Bock drauf, du Sauschwein!«

Ich: »Wann is'n das Essen fertig, du, äh, DU?«

Frau: »Ingo, ich geb dir zwei Minuten, dann ist die andere Frau hier raus!«

Ich: »Ingo? Ich heiße doch gar nicht Ingo. Und welche Frau?«

Frau: »Tschuldigung, ich hab mich verlesen. Äh, mach mal den Saustall sauber, die Wohnung hier! Hier ist es ja selbst Schweinen zu dreckig, du dreckiges Dreckschwein du, du Sauschwein, du Ferkel, du fertiges Ferkel, du!«

Ich, voller Bewunderung kurz das Drehbuch verlassend: »Hui, da hat sich aber ordentlich was in dir angestaut, Respekt! Wo war ich stehen geblieben? Ach ja: Die Wohnung ist doch aber sauber! Von meinem Standpunkt aus ist die Wohnung sauber! Die Tapete blättert nich' ab!«

Frau: »Hier wird aufgeräumt, das ist ein Saustall, äh, mein Schwiegersohn hat Hunger!«

Ich: »Du asoziale Schlampe, geh in dein Hartz-IV-Loch zurück!«

Frau: »Ich hab kein Hartz-IV-Loch!«

Kind: »Ich will, dass meine Mama wiederkommt!«

Huch! Erschrocken blicken wir auf unsere Kinder. Auf die beiden Brüder, die sich ängstlich umarmen. Wir hören mal besser auf. Die Kinder sollen nicht so viel fernsehen!

Außerdem ist jetzt Bettchenzeit. Morgen ist ein neuer Tag: Sonntag! (Kind weint...)

Zusammenbruch

Nur einen Tag später gehen wir uns tatsächlich so sehr auf die Nerven, dass wir kurz vor einer Familientragödie stehen. Eine Familientragödie ist ein Gemetzel mit Verzweiflungshintergrund – aus niederen Beweggründen.

Bei Menschen mit dem berühmten »südländischen Aussehen« und »Migrationshintergrund« wird eine Familientragödie oft als »Ehrenmord« katalogisiert. Warum eigentlich? »Ehre« scheint wohl für mitteleuropäische Ohren primitiver zu klingen als »Familie«. Da kann man schnell mal die Herkunft der Tatbeteiligten einordnen, ohne sie nennen zu müssen. Aber den Opfern hilft das auch nicht weiter. Doch man hat wieder schön was in seine Vorurteilsschublade getan. Und die muss immer randvoll gefüllt sein.

Es ist vollkommen sinnlos, sich in freiwilliger Selbstisolation mit Familienmitgliedern mit irgendwas zu beschäftigen, das Konzentration erfordert. Hat man damit nämlich begonnen, kommt jemand rein, der mit einer hohen Stimme ruft: »Papa, guck mal«, oder »Aua aua, mein Bruder ist doof, aua

aua«, oder aber »Kümmer du dich mal um die Kinder, ich kann nicht mehr!«

Man weiß also schon vorher, dass man auch heute wieder nichts schaffen wird. So wie gestern, vorgestern, morgen und übermorgen auch. So, wie wenn man eine Bewerbung schreibt und sich die Absage gleich mit formulieren kann. So müssen sich Anfang der Neunziger alle arbeitslosen Ostdeutschen über zweiundvierzig gefühlt haben.

»Ich kann diese hohen Kinderstimmen nicht mehr hören. Die machen keine Pause, die reden ununterbrochen! Und die sind auch immer da. Ich stehe immer unter Beobachtung. Von zwei Bewährungshelfern, die permanent fragen: ›Was machst du da? Was machst du da?‹ Ich kann keinen klaren Gedanken mehr fassen. So funktionieren ja auch Geiselnahmen mit mehreren Geiseln. Der Geiselnehmer brüllt ununterbrochen die Geiseln an, damit sie gar nicht erst nachdenken, wie der beste Ausweg aus ihrer Situation sein könnte. Du wirst also aus dem Stegreif mit den kranken Gedanken eines anderen zugeballert und sollst sofort angemessen reagieren. Und dieser andere ist dein Bewährungshelfer, der dich als Geisel genommen hat. Und er hat seinen sehr gesprächigen Kumpel dabei. Das macht mich fertig! Kannst du mir folgen, weißt du was ich meine? ICH KANN NICHT MEHR!«, ruft meine Frau mit hoher lauter Stimme. »Mir kratzt es schon im Ohr, so als ob dort drin eine Katze mit ihren Krallen lange tiefe Furchen mit scharfen Rändern in mein Trommelfell pflügt!«

Ganz schön viele Worte, um sich über viele Worte zu beschweren. Auch ich habe seit Tagen ein chronisches Kratzen im Innenohr. Auf YouTube habe ich gesehen, dass man hohe Frequenzen durch noch höhere Frequenzen unhörbar machen kann. Indem man beispielsweise ganz langsam und kräftig, mit schön viel Druck, die spitzen Forken einer Gabel über einen Porzellanteller zieht. Ich habe aber Angst, das auszuprobieren. Nachher kriege ich noch einen Nervenzusammenbruch, der Teller fällt mir runter, und dann brauche ich einen neuen Teller, und der fällt mir dann auch runter, und dann sind alle Teller kaputt. Dann müssen wir von den Feuerwehrmann-Sam-Servietten vom letzten Kindergeburtstag essen. Denn wann die Läden wieder öffnen, in denen man Teller kaufen kann, steht in den Sternen.

Damit es bei uns nicht zum Blutrausch kommt, haben wir vereinbart, undiplomatisch miteinander zu sprechen. Das baut den Druck gleich beim Reden ab. Einen Versuch ist es wert.

Der siebenjährige Sohn, der Klempner, sagt mir also, wenn ich laut werde: »Ruhig, Brauner!«

Ich antworte gereizt: »Woher weißt du, dass ich aus Sachsen-Anhalt komme, du linksgrünversiffter Klimahysteriker?«

Der Junge war zwar noch nie auf einer Klimademo, und seine Lieblingsfarbe ist blau, nicht grün, aber was Besseres fällt mir gerade nicht ein. Immerhin ist er im schulpflichtigen Alter, also potenzieller Klima-Schulschwänzer! Und momentan schwänzt er potenziell ja wohl nicht nur am Freitag! Ich als über vierzigjähriger ostdeutscher Mann, der statistisch gesehen Greta hasst, muss schließlich meinem Klischee entsprechen.

Alles gehört allen

Das große Kind muss Hausaufgaben machen, die Frau muss Homeoffice machen, das kleine Kind muss Scherereien machen, und ich muss hinterher saubermachen. Jeder hat zu tun. Uns ist also immer noch nicht langweilig. Aber wir wollen mal so tun, als ob. Damit all die schlauen Tipps gegen Langeweile, die man im Internet jetzt immer finden kann, nicht umsonst abgesondert wurden.

Zur Abwechslung tauschen wir als Erstes untereinander unsere Kleidung. Wir machen einen auf Kommune. Allen gehört alles, haha! Ich kralle mir die Windeln vom Fliesenleger. Aus drei Windeln tackere ich mir eine schöne Erwachsenenwindel zusammen. Das wird klasse: Heute Nacht bleibe ich schön im Bett liegen. Wenn ich mal muss, lasse ich einfach laufen! Meine Frau versucht, meine Socken anzuziehen. Meine Socken von gestern. Sie scheitert schon beim Bücken, weil sie vor Schreck nach hinten umkippt. Denn in Wirklichkeit sind meine Socken nicht nur von gestern, sondern von vorgestern und vorvorgestern. Ich muss etwas disziplinierter werden. Sonst schickt RTL II uns ein Kamerateam in die Wohnung, und wir müssen Frauentausch nicht nur spielen, sondern vollziehen!

Der Wahnsinn kommt auf leisen Sohlen

Liebes Weltraumtagebuch! Weil heute Sonntag ist, gab es was Gesundes zum Abendbrot: Salat. Genauer: oberleckeren Fleischsalat von der sehr guten Firma Mayo Feinkost. Und seitdem bin ich verstört. Nach fast zwei Wochen freiwilligen Hausarrests, dem wir uns aussetzen, um die Gesellschaft dieser in ihren letzten Zügen liegenden Gesellschaftsform nicht noch kranker zu machen, als sie schon ist, habe ich es mir aufgrund der massig zur Verfügung stehenden Zeit zur lieben Angewohnheit gemacht, alle Dinge gründlich zu überdenken.

Und gerade eben fiel mir das Foto auf dem Deckel der Wurstsalatdose auf. Ich habe mir dieses Foto sehr genau angeguckt. Wie gesagt, ich habe ja Zeit. Es zeigt drei dicke Scheiben Fleischwurst, drei saure Gürkchen und eine Spatzenportion Senf in einem weißen Schälchen. Und darunter steht nicht etwa: »Aus diesen groben Zutaten hat ein serbischer Serienvergewaltiger im Rahmen seiner abzuleistenden Sozialstunden mit bloßen Händen diesen Wurstsalat massakriert.«

Nein, unter dem Foto steht »Serviervorschlag«. Ja, genau! Und nun frage ich mich natürlich: Was soll das? Sind die besoffen bei der sehr guten Firma Mayo Feinkost? Haben die zu viel Mayonnaise genascht, nachdem die drei Wochen in der Sonne stand? Wo ist denn bitte auf dem Foto der Fleischsalat, für den der Serviervorschlag sein soll? Ich sehe auf dem Foto keinen Fleischsalat. Ich sehe die Fleischsalatzutaten in unfragmentiertem Zustand. Soll ich diese Einzelteile etwa aus dem Fleischsalat wieder zusammenbauen und dann in etwa so wie auf dem Foto meiner Familie servieren? Soll ich ernsthaft von den vierkantigen Wurstbalken und von den Gurkenschnitzen die Mayonnaise ablutschen, mit einem Küchentuch abwischen und daraus die drei Wurstscheiben und die drei Gurken zusammenbauen? Ist das Fischer-Technik für Fleischer?

Ich brauche meinen Kleber für meine Eierhypnose! Sag mal, geht's noch? Habt ihr noch alle Latten am Zaun? Hat's bei euch reingeregnet? Heißt euer Bundeskanzler Friedrich Merz, oder was? Hockt ihr auch in Quarantäne? Werdet ihr darum langsam meschugge? Und ist euch deswegen auch alles egal, weil auch bei euch jeder Tag nur noch eine immer gleich getaktete Abfolge der immer selben Verrichtungen ist, eine aus falsch verstandener Selbstdisziplin selbstauferlegte Aneinanderreihung sinnloser Beschäftigungen?

Hattet ihr auch die schlimme Erkenntnis, dass euch genau diese stupide Routine, von der ihr dachtet, sie würde euch davor bewahren, wahnsinnig zu werden, direkt in den Wahnsinn treibt? (Doch, doch, dieser Satz ergibt Sinn. Lesen Sie ihn noch mal!)

Verarscht ihr deswegen uns, die Kunden der nicht ganz knusper seienden Firma Mayo Feinkost? Euch haben sie doch mit der Muffe gepufft, ihr habt doch nicht mehr alle Gurken im Glas!

Gezeichnet: Einer, der ab morgen wieder Eiersalat isst. Und eure feine Fleischwurst könnt ihr alleine zusammenstecken! Vielleicht filmt ihr euch ja dabei und macht eine Insta-Story draus. Oder was Lustiges für TikTok, den offenen Kanal für Menschen, die so jung sind, dass sie mit dem Begriff »Offener Kanal« nichts mehr anzufangen wissen. Ich wünsche euch viele Likes, einen vertrauenswürdigen Facharzt und gute Besserung! So!

Jetzt habe ich drei Minuten lang eine Dose Fleischsalat angeschrien. Es geht mir wieder besser. Auch weil ich weiß, dass ich meine Wut über die Gesamtsituation nicht an meiner Sippe ausgelassen habe.

Die Stadt als Spielplatz

Ob wir die viele Zeit nutzen, um die Wohnung zu reinigen? Ja, sind wir denn bekloppt? Selbstverständlich nicht! Schließlich ist heute Sonntag. Und hier wohnen Kinder, die wollen beschäftigt werden. Die sollen sogar beschäftigt werden. Sonst gehen sie uns auf die Nüsse! Und da ist es doch schön, wenn man eine leicht verwahrloste Wohnung vorweisen kann. Denn die kleinen Kackbratzen haben irgendwann keinen Spaß mehr an ihrem Spielzeug. Die wollen mit dem spielen, was sonst noch da ist. Und das sind zum Beispiel Spinnennetze. Da kann man seinen Finger reinstecken, das Netz bleibt dann lustig dran kleben. Und auch die zappelnde Fliege. Wer geschickt ist, kann aus dem Spinnenfaden ein schönes dünnes Seil flechten.

Aber so richtig interessant wird es mit unseren süßen Kleinen, die wir jeden Tag mehr lieben, erst draußen. Alle Spielplätze sind wegen einer Pandemie gesperrt. Selbst jene, die nur aus einer einzigen Schaukel bestehen. Diese eine Schaukel ist mit weiß-rotem Absperrband zur No-Go-Area erklärt worden. Das liest sich, als stünde es im Drehbuch eines dystopischen

Kinokrachers. Tut es aber nicht, es beschreibt unsere Realität. Wir brauchen Ausweichmöglichkeiten für zwei Jungs, die gerne schaukeln, wippen und auf den Nervengerüsten ihrer Eltern rumklettern.

Was ist eigentlich mit den Feinstaubmessstationen? Redet noch jemand über Feinstaub? Gibt's den noch? Fährt doch kaum was rum. Auf diesen Messstationen könnten unsere zwei Partikel schön rumhampeln. Und was ist überhaupt mit dem Berliner Flughafen? Wenn wir auf dem unterwegs sind, stecken wir garantiert niemanden an. Und niemand uns. Da sind wir allein, wie in unserer Wohnung. Und wir können uns aus dem Weg gehen, aber so richtig, ganz anders als in unserer Wohnung.

Aber erst mal probieren wir das gute alte Klingelrutschen aus. Das macht gegenwärtig besonders viel Freude. Denn es ist ja wirklich jeder zu Hause. Man kann alle nerven oder aber Freude verbreiten. Und wenn nicht, kann derjenige nicht die Wohnung verlassen, um den dreisten Klingler zu verfolgen, zu stellen und zu vermöbeln. Denn der dreiste Klingler könnte ja das Virus in sich tragen. Vermutlich wird aber gar keiner reagieren, weil die Leute mittlerweile auch gelernt haben, den Paketboten für den Nachbarn nicht ins Haus zu lassen.

Tja, gehen wir also wieder nach Hause. Mal schauen, wie groß die Spinnennetze schon sind.

Masken

»Welche Masken ziehen wir an? Die von deiner Schwester, die von deiner Tante oder die von deinem Arbeitskollegen?«, frage ich meine Frau. Wir kennen Leute, die Nähmaschinen haben. Und die diese einsetzen. Und die uns ihre selbstgenähten Masken zuschicken.

»Auf keinen Fall die von deinem Veranstalter, der den 3D-Drucker hat. Die drücken so am Nasenrücken!«, sagt sie.

Gefühlte vier Jahre nach Ausbruch der Pandemie sollen die Menschen hierzulande nun auch Mundmasken tragen. Weil der Keim durch Flugspucke übertragen wird. In Asien gingen die Leute von Anfang an nicht ohne Maske aus dem Haus. Was haben wir sie belächelt, nun lächeln wir nicht mehr. Die Trends aus dem Osten kommen immer etwas später im Westen an.

In geschlossenen Räumen muss man Masken tragen. Karierte Masken, geblümte Masken, hautfarbene Masken, Masken mit aufgedruckten Mündern. Die Masken machen, dass einem die Brille beschlägt und man gar nichts mehr sieht. Auch nicht die Masken, die jetzt einige Witzbolde tragen: Mit ganz klitzekleinen Dick-Pics (für die älteren Leser: Penisfotos) drauf, die man nur erkennen kann, wenn man sich nicht an die Abstandsregeln hält. Denn nach wie vor gilt: Abstand halten. Eineinhalb Meter. Oder zwei Meter. In jedem Laden hängen Zettel mit eigenen Maßeinheiten drauf. Im Rewe scheint der Kunde mit eineinhalb Metern weniger ansteckend zu sein als in der BioCompany mit zwei Metern Abstand.

Doch nicht alle Menschen sind mit den Hygienemaßnahmen einverstanden, vereinzelt regt sich Widerstand von Leuten, die die Maske als »Maulkorb« und ganz persönliche »Unterdrückungsmaßnahme der Regierung« ablehnen.

Aha. Man hat in China also für viel Geld unter riesigem Aufwand und mit enormen Menschenopfern ein Virus entwickelt, nur damit Werner Wichtigtuer eine Maske tragen muss, wenn er im Aldi einkauft. So viel internationaler Aufwand, um einen Menschen zu unterdrücken!

Es gibt verschiedene Arten, die Masken zu tragen. Wer sie ganz über Mund und Nase zieht, ist ein Systemling. Wer sie nur über den Mund und nicht über die Nase zieht, ist ein Skeptiker. Wem sie demonstrativ unterm Kinn hängt, ist in der offenen Opposition. Und wer sie während der Ansprache auf einer großen Demonstration nicht trägt, aber abseits der Bühne heimlich aufsetzt, ist Ken Jebsen.

Abgesehen von den Masken, die man auf Verlangen von denen da oben nach wie vor tragen muss, gibt es fast zwei Monate, nachdem das Virus hier virulent wurde, wieder die ersten Lockerungen. Systemrelevante Möbelmärkte öffnen, Tchibo öffnet, Indoorspielplätze auch. Die ersten Grenzen macht man ebenfalls wieder auf, vereinzelt heben wieder Flüge ab, und Restaurants betreiben zaghaft ihre Außenbereiche. Und wenn die Innenbereiche groß genug sind, auch diese. Außerdem dürfen Schulkinder wieder in die Schule. Für zwei Stunden pro Tag. Hurra, damit sind wir wenigstens das lästige Homeschooling los. Was allerdings weiterhin geschlossen bleibt, sind natürlich: Kitas.

»Ich würde so gerne wieder zur Arbeit gehen«, sagt meine Frau. »Wann machen bloß die Kitas wieder auf?«

»Wenn sie Möbel verkaufen?«, rate ich.

»Mindestens«, sagt sie, »außerdem müssen sie auch fliegen können wie die Lufthansa, Autos verkaufen, Gottesdienste feiern oder sich als Schankwirtschaft tarnen – nicht als Kneipe, Kneipen dürfen noch nicht öffnen. Es sei denn, sie bieten was zum Essen an, Schmalzbrote vielleicht. Eine Kneipe mit Schmalzbrot ist keine Kneipe mehr, sondern eine Schankwirtschaft.«

»Ist das alles also eine Verschwörung der Schmalzbrotindustrie?«, frage ich.

»Die Schmalzbrotindustrie? Ist das eine richtige Industrie für Schmalzbrote? Mit Schmalzbrotfabriken, Schmalzbrotspeditionen, Schmalzbrotzulieferern, Schmalzbrotgewerkschaften, Schmalzbrotwerkswohnungen und einer Schmalzbrotpensionskasse, ja einer ganzen Schmalzbrotregion, wo komplette Familien schon seit Generationen am Schmalzbrot arbeiten???«

»Es gibt nichts, das es nicht gibt. Und wenn es etwas nicht gibt, heißt das nicht unbedingt, dass es das nicht gibt. Dann hat man nur noch nichts davon gehört. Ich würde auch gern wieder meine Arbeit machen«, sage ich. »Endlich wieder mit der Bahn ganz weit wegfahren, für mehrere Tage am Stück, abends vor Leuten auftreten und ansonsten rumreisen, abends im Hotel ein Wannenbad nehmen und schön in Ruhe entspannen, äh ...« – bin ich denn bekloppt, ihr die Wahrheit zu sagen? »... ARBEITEN, meine ich selbstverständlich.«

»Tja, mein kleiner Märchenerzähler«, sagt sie, »in dieser Hinsicht sehe ich dich allerdings in einen langen dunklen Tunnel ohne Licht am Ende einfahren. Ohne Impfstoff keine Rückkehr in deinen alten Beruf. Alles, wo die Leute zum Reden oder Singen zusammenkommen, ist weiterhin verboten.«

»Aha«, sage ich, »wieso dürfen dann Gottesdienste wieder stattfinden? Da wird laut gesungen und geredet, da gibt's Mitmachtheater, liebe Annabell!«

»Annabell?«, fragt meine Frau.

Ich zitiere Reinhard Mey: »Annabell, o Annabell, du bist so herrlich intellektuell. Ich bitte dich, komm sei so gut, mach meine heile Welt kaputt.«

»Tja. Hast du mal überlegt, was du sonst so beruflich machen könntest?«, fragt sie.

»Ja. Ich könnte mich derzeit auf vieles bewerben: Kindergärtnerin, Trennkostberater, Schreitherapeut, Papagei (›Zieh dich bitte an. Zieh dich bitte an. Zieh dich bitte an. Zieh dich bitte an.‹), Reinigungskraft, Schlichter und Marie Kondo.«

»Marie wer?«

»Die räumt auf. Sie ist Expertin fürs Aufräumen. Kann man auf Netflix sehen.«

Meine Frau sieht sich im Zimmer um: »Streich das mit dem Aufräumen. Das glaubst doch nicht mal du. Frag mal

Netflix, ob die noch einen Antagonisten, eine Antimaterie, äh, eine Antimarie brauchen. Für die restlichen Jobs bist du allerdings qualifiziert, wenn auch nur so semi. Schließlich mache ich hier das meiste.«

Böse Strahlung

Der Klempner skypt mit einer Freundin aus seiner Klasse. Ihre rauchige Frauenstimme kommt mir seltsam vor. Und dass sie sich während der Skype-Konferenz schminkt. Aber was soll sie sonst machen, zu Hause? Sie ist jetzt schon fünfundzwanzig, genau wie mein Sohn. Lautes Geschrei aus dem Flur reißt mich aus meinem Tagtraum. Ich öffne die Augen und reiße den Kopf hoch. Ein mittellauter Knall lässt mich zusammenzucken. Er wird erzeugt von meinem Smartphone, das soeben auf der Tischplatte aufschlägt. Klebte es mir fest an der Wange, weil ich darauf geschlafen habe, mit dem Gesicht auf dem Tisch? Die Druckstelle an der rechten Gesichtshälfte sagt: »Ja, genauso war's.«

Und als ich den Kopf ruckartig vom Tisch hochriss, löste sich das mobile Film-, Foto-, Computer-, Navigations- und Telekommunikationsgerät im Wert eines guten, gebrauchten Kleinwagens von meiner Backe und knallte auf die Tischplatte. Und der Grund für alles ist der Lärm im Flur. Ich gucke, was da los ist. Das Erste, was ich sehe, ist die Oberkante eines Transparents. Auf dem steht: »Vier sind das Folk!«

»Aber ihr seid doch nur zwei!«, weise ich meine Söhne zurecht.

»Fake! Unterjochung!«, brüllt der Klempner. »Die da oben wollen uns steuern und kleinhalten!«

»Äh, nein. Kleinhalten tut ihr euch selber. Wir sagen immer, ihr müsst gut essen, damit ihr groß und stark werdet. Wenn ihr aber immer nur eure Mäuseportionen knabbert, wird das nichts. Aber was macht ihr hier eigentlich?«

»Wir demonstrieren gegen die Zwangsmaßnahmen unserer Eltern. Das ist Bevormundung, das ist Sklaverei«, ruft der Klempner.

»Aber was wollt ihr denn?«

»Eine Insel mit zwei Bergen und dem großen blauen Meer«, kräht der Fliesenleger.

»Ach so – aber Rügen ist noch dicht, Meck-Pomm hat auch geschlossen. Urlaub ist gestrichen gerade, wir müssen aufs Geld achten, ich verdiene gerade nichts.«

»Jaja, immer diese faulen Ausreden für drastische Einschränkungen. Du bist wie die Regierung, die die Leute zu Hause einsperrt, weil es Corona gibt!«, meckert der Klempner.

Vielleicht war es doch ein Fehler, mit dem Großen zusammen am Vorabend Nachrichten zu gucken. Die Nachrichten bestehen jetzt aus Menschen, die gegen die Einschränkungen demonstrieren. Gesichtsmasken werden als Freiheitsberaubung bezeichnet. Und Bill Gates als Diktator. Weil er alle impfen will, mit Mikrochips. Damit er alle kontrollieren kann.

Ich sage meiner Frau: »Ist das nicht ganz schön anstrengend, acht Milliarden Menschen zu kontrollieren? Ich bin ja schon mit zwei Kindern überfordert.«

»Ich glaub nicht, dass das funktioniert. Der Gates hat es in fünfundzwanzig Jahren nicht geschafft, meinen Rechner fehlerfrei mit dem Drucker zu verbinden. Und wenn Masken Freiheitsberaubung sind, sind das Fenster auch! Hast du mal versucht, durch ein geschlossenes Fenster die Wohnung zu verlassen? Also!«

»Und wie heißen Fenster auf Englisch? Windows!«

Wir starren uns erschrocken an. Wie rief die Frau gestern in den Nachrichten ins Mikro? »Ich kenne keinen, der Corona hat!« Die Frau hat recht. Ich persönlich kenne auch keinen, der einen Ferrari hat.

Das große Kind sagt: »Und wenn ich mal ein Stück Schokolade will, sagt ihr immer, man kriegt davon Karies. Das ist eine Lüge. Ich kenne keinen, der Karies hat!«

Und da war sie wieder, die Bestätigung: Die Menschen werden von den Medien fremdgesteuert! Vor allem die Unterzuckerten.

»Ich glaube ja, Capital Bra gibt es nicht«, sagt meine Frau, »ich kenne jedenfalls keinen, der den hört.«

»Ich hoffe, wir kriegen bald 5G!«, rufe ich meiner Frau zu, »dann halte ich mir das Smartphone beim Video-Telefonieren an die Testikel, volle Strahlung, dann werde ich unfruchtbar, denn noch ein Kind halte ich nicht aus.«

»Erstens«, sagt sie, »kriegst du die beiden damit auch nicht mehr weg. Und zweitens, sagt meine Bandbreite-Messungs-App, kriegen wir hier in der Gegend selbst bei 4G gerade mal sechzehn Prozent der möglichen LTE-Bandbreite ab. Davon kriegst du nicht mal Kopfschmerzen. Wenn du dich sterilisieren willst, musst du dich schon auf den Toaster setzen.«

Wo hat sie nur immer diese Einfälle her? Ich muss weinen. Sie streichelt mich. Ein weiterer Tag ist sinnlos vergangen. Wie lange noch?

Ist das privat oder kann das ins Internet?

Meine Frau ist total heiser. Sie war nach fast vier Wochen Homeoffice kurz mal in ihrer Firma und hat dort nach diversen Smalltalks in der Teeküche offenbar einige Kollegen zusammengeschrien. Also kinderlose Deppen, die über Langeweile jammern, die schon jede Netflix-Serie weggeguckt haben und nicht mehr wissen, wie sie sich bei all ihrer Freizeit noch optimaler verwirklichen sollen.

Ich wittere eine Verwertungsmöglichkeit für die kleine Geschichte: »Soll ich das mal bei Facebook posten? Ist doch ein hochemotionales Thema!«, frage ich sie.

»Ja, und darum sollst du das eben nicht bei Facebook posten.«

»Aber ein großes Engagement meiner Follower wäre vorprogrammiert, denn alle mit Kindern wären deiner Meinung, und alle ohne Kinder wären anderer Meinung, und ich müsste die Diskussion gar nicht mehr beobachten, weil es nicht um Flüchtlinge oder um Greta geht, oder noch schlimmer: um Feminismus! Sondern nur um Langeweile haben oder Kinder haben. Ziemlich ungefährlich. Und dank der vielen Kommentare würde der Algorithmus mein Posting für alle sichtbar schalten. Und viele würden das auch teilen.«

»Du könntest also auch Follower generieren, ohne was dafür tun zu müssen?«

»Ja, ich könnte mich ein bisschen fühlen wie Mark Zuckerberg.«

»Und könntest du dir davon auch was kaufen, wie Mark Zuckerberg? Zum Beispiel eine dicke fette Villa, neben der auf jeder Seite noch vier weitere fette Villen stehen, damit Mark Zuckerberg seine Privatsphäre hat? Könntest du dir sowas davon kaufen?«

»Äh, nö.«

»Na dann: Lass es!«

Impfzwang

»Was sind das eigentlich für komische Demos, das hört ja gar nicht mehr auf? Was ist denn da los?«

Wir sehen Fotos von Leuten, die gegen Impfzwang demonstrieren. »Hast du in deiner Kita-WhatsApp-Gruppe was von Impfzwang gelesen?«, frage ich meine immer bestens informierte Gattin.

»Nein, da stand nichts.«

»Dann musst du zu Telegram. Da steht das drin. Und nirgendwo sonst.«

»Ah. Verstehe. Kann es sein, dass es gar keinen Impfzwang gibt, weil es jetzt im April noch gar keinen Impfstoff gibt?«, fragt sie.

»In deiner Realität ja, in einigen anderen Realitäten nein.«

»Na, und wenn es einen Impfstoff gibt, lassen die mit den ›Impfzwang‹-Schildern sich doch als Erste das Zeug reinpfeifen. Damit sie schnell wieder zur Mallorca-Schaumparty können. Und damit sie später keinen Ärger kriegen als Angestellte einer Firma, die Spritzbestecke herstellt, beantragen sie bei Google das Löschen der Fotos, die sie auf der impfkritischen Demo zeigen. Haha.«

»Warum gehen die Leute nicht gegen was Konkretes auf die Straße? Die könnten doch mal dagegen demonstrieren, dass der menschliche Körper ab dem dreißigsten Lebensjahr kleiner wird oder dass man ab vierzig jedes getrunkene Bier zwei Tage lang merkt, nicht mehr nur einen Tag. Das regt MICH nämlich auf! DAGEGEN müsste man mal auf die Straße gehen! Oder, ganz originell: gegen brasilianische Sojaimporte, oder für weniger Autoverkehr!«

»Erstens«, sagt sie, »das ist alles zu wenig bizarr und zu Mainstream. Und zweitens geht deswegen niemand auf die Straße, weil man weiß, dass man damit nicht in die Tagesschau kommt.«

»Und warum wollen die in die Tagesschau, obwohl die Tagesschau nur lügt, wie sie sagen? Wollen sie selber eine Lüge sein, um Realität zu werden?«

»Um das zu verstehen, müsstest du, wie es der US-Präsident empfohlen hat, Desinfektionsmittel trinken. Aber das Zeug verträgst du ja noch weniger als Alkohol. Schließlich bist du über vierzig!«

Neustart

Knapp drei Monate sind nun rum. Nachdem das öffentliche Leben quasi von einem auf den anderen Tag runtergeregelt wurde, wird es nun langsam wieder angedimmt. Kinos, Kneipen, Großrestaurants - alle Einrichtungen, worin Menschen so weit auseinander sitzen können, dass sie sich anschreien müssen, dürfen wieder öffnen. Schade, der Dreijährige war kurz davor, auf YouTube den LKW-Führerschein zu machen. Wir freuen uns nun auf all die Filme, all die Kammerspiele, die in den letzten Wochen gedreht wurden. Mit nur einem Schauspieler. Der als Astronaut ganz allein im All unterwegs ist. Alles ab zwei Schauspielern galt als Massenszene und war verboten. Wir freuen uns auch auf all die Bücher, die während der Coronapandemie über die Coronapandemie geschrieben wurden. Und auf die Hörbücher davon. Und auf eine zweite Infektionswelle. Wenn die kommen sollte, lege ich eine Scheibe auf, die ich neben der Geräusch-CD in meinem Regal gefunden habe, von Westernhagen: »Ich bin wieder hier, in meinem Revier, war nie wirklich weg, hab mich nur versteckt. Ich rieche den Dreck, ich atme tief ein, und dann bin ich mir sicher, wieder zu Hause zu sein ...«

DER SPLITTERNACKTE EINKAUFSZETTEL

Durch Corona habe ich viel über unsere Familie gelernt. Ich weiß jetzt Folgendes: Das Leben in freiwilliger Selbstisolation ist die Hölle. Denn man lebt ja nicht isoliert. Man hockt aufeinander. Es ist schwer bis unmöglich, sich aus dem Weg zu gehen.

Da sind Kinder, und da ist eine Frau. Egal, zu welchem Punkt der Wohnung man flieht. Immer dackelt einer dieser Leute hinter einem her, der sich auch in das Zimmer reindrängt, und dann, weil man ja selber gerade nichts sagt, ist es also völlig normal für den anderen, anzunehmen, dass man gerade nicht in Gedanken sein könnte. Und schon ist man Gesprächspartner, Kummerkasten, Pinnwand und Seelsorger. Vielleicht hat man aber gerade über etwas Wichtiges nachgedacht? Über den Klimawandel eventuell, und da insbesondere über die auftauenden Permafrostböden in Russland? Man ist also gedanklich irgendwo ganz oben in einer gottverlassenen Gegend am Polarkreis unterwegs, und zwar auf Russisch – da kommt plötzlich jemand um die Ecke und fährt mit einer ganz anderen Info frontal in einen rein: »Die Johanna hat unserem Sohn gesagt, dass sie nicht mehr mit ihm spielen will, weil er gesagt hat, sie stinkt!«

Hä? Wir haben einen Sohn?

»Und unser Sohn sagt, sein Bruder hat sein Lieblingsbuch geklaut.«

Sein Bruder? Haben wir zwei Söhne? Und wer ist Johanna?

Sowas passiert auch gerne, wenn man mal im Bad alleine ist, um sich zu waschen. Man steht also nackt vorm Waschbecken. Im Waschbecken ist warmes Wasser. Eine Hand steckt im Waschlappen. In der Luft hängt noch eine Wolke vom Verdauten, weil man vorm Beginn der Körperreinigung noch, wie es morgens nun mal üblich ist, mit Erleichterung und Wohlgefühl das Innere seines Rektums der in Sitzhöhe neben dem Waschbecken befindlichen Keramik überantwortet hat. Jeder weiß, was weltweit morgens in so einem Badezimmer abläuft. Das muss man nicht extra groß erklären. Wenn man allerdings mit einer Familie zusammenwohnt, platzt in der Regel eine Person rein, die erstaunt ausruft: »Huch, hier ist ja wer!«

Ja, da ist wer, splitterfasernackt wollte sich derjenige gerade schön mit dem herrlich warmen Waschlappen aufpolieren und ganz privat für sich, völlig unbeobachtet, die Sedimente der Nacht aus dem Bauchnabel hobeln. Und danach ein Stockwerk tiefer jene Bereiche reinigen, auf die die Sonne nur selten scheint. Normalerweise ist das eine sehr persönliche Angelegenheit. Wenn man verheiratet ist und Kinder hat, nicht mehr.

»Iiiieeeh, das stinkt! Warst du auf dem Klo? Mach doch das Fenster auf. WAS für eine Marke. Was hast du denn gegessen? Alter, dafür braucht man ja eine ABC-Schutzausrüstung! Das brennt mir ja die Augen ausm Kopp! Bei dem Gestank fällt mir ein: Der Käse ist alle.«

Und dann wird man einer eingehenden Betrachtung unterzogen, wie man da so dasteht, den Waschlappen am Unterkörper: »... und Eier brauchen wir auch.«

Man selber macht dann beim Waschen mit warmem Wasser den Einkaufszettel weiter voll: »Und Wiener Würstchen? Und Kochschinken?«

»Ja, gut abgehangenen«, sagt sie, während sie weiter den Mitte vierzig alten, selbstreinigenden, nackten Körper mustert. Dieser Körper saß gestern in der heißen Frühsommersonne auf dem Balkon und ist obenrum etwas rot. Und dort, wo er die Badehose trug, käseweiß. Genau da hält meine Frau jetzt ihre Handykamera ran. »Was machst du denn da?«, frage ich.

»Einen Weißabgleich.«

Dann geht sie einen Schritt zurück, mustert den Farbunterschied zwischen Rücken und Hintern und murmelt gedankenverloren: »Wir könnten mal wieder Tomate-Mozzarella machen.«

Jetzt reicht's aber! Ich will raus hier, mir aber fix noch meine behaarten Beine waschen und werde von ihr über Folgendes in Kenntnis gesetzt: »Nicht mehr lange, dann gibt's wieder Stachelbeeren.«

Man ist dann natürlich, ich sag mal, nicht so erfreut und guckt etwas verkniffen. Ich grummle vor mich hin: »Freiwillige Selbstisolation am Arsch! Dass ich nicht lache! Selbstauferlegter Aufmerksamkeitsterror ist das! Kalter Intimitätsentzug!«

Woraufhin gesagt wird: »Und wenn ich dein Gesicht so sehe – wir brauchen wieder Sauerkraut!«

»Ja, und vielleicht auch noch beleidigte Leberwurst! Und Hühnerbrust! Und Schweinebauch!«

»Das hast du gesagt.«

Mittlerweile haben auch die beiden Kinder das Bad betreten. Die Familie ist jetzt vollzählig anwesend. Sehr schön.

»Na, wollt ihr noch ein paar Freunde einladen?«, frage ich.

»In die Quarantäne?«, fragt meine Frau. »Wir können eine FKK-Zoom-Konferenz machen, haha.«

Der Ältere fragt: »Mama, darf ich TV?« So formuliert er die Frage immer, wenn er verhindern möchte, dass sein Bruder auch fernsehen will.

»Nein!«, sagt seine Mutter, »vormittags nie. Das weißt du doch.«

»Menno!«

»Außerdem«, sage ich, »brauchst du deine Frage gar nicht mehr zu verschlüsseln. Dein kleiner Bruder weiß mittlerweile, was das heißt, und wird nach deiner Frage ebenfalls fragen.«

»Was heißt, ›Darf ich TV‹?«, fragt der Große den Kleinen.

»Darf ich fernsehen?«, kräht dieser. »Und zwar ›Es war einmal – der Mensch‹?«

»Wenn ihr ›Es war einmal der Mensch‹ gucken wollt, könnt ihr gleich hier bleiben und euch euren Vater ansehen!«, ruft die Mutter.

»Raus jetzt, Papa will sich in Ruhe der Körperpflege hingeben«, heule ich auf.

Alle verlassen das Bad. Ich zähle bis zwei. Da: Die Tür geht noch mal auf.

»Darf ich heute GV?«, werde ich von ihr gefragt.

»Was?«

»Darf ich heut ...«

»Ich hab schon verstanden. Aber nein. Erstens sind wir Eltern, da macht man nicht mehr GV. Und zweitens scheint hier heute Tag der offenen Tür zu sein. Und mein Körper taugt offenbar auch nur noch zum Vollmachen des Einkaufszettels! Wenn du Sex mit abgehangenem Schinken und alter Wurst haben willst, dann frag doch den Kühlschrank«, sage ich, während ich mir meine Brustwarzen abtrockne.

Sie sieht mir zu und sagt gedankenverloren: »Blaubeeren könnte ich mal wieder kaufen.«

»Danke«, sage ich, »und vergessen Sie nicht, Ihren Einkauf zu bewerten. Darf ich mir jetzt ganz allein meinen Popo waschen? Also so richtig privat, gründlich, in der Mitte, also, um ganz deutlich zu werden: Darf ich mir mal ganz privat, nur für mich, den Waschlappen durch meine Poporitze ziehen?«

»Gut, dass du mich dran erinnerst: Hast du meine EC-Karte gesehen?«

»Raus!«

Dank an:

Dagmar Schönleber, Sascha Korf, Götz Frittrang, Maike Kühl, Frank Smilgies, Die Brauseboys, meine Agentur, den Eulenspiegel Verlag

Eulenspiegel Verlag – eine Marke der
Eulenspiegel Verlagsgruppe Buchverlage

ISBN 978-3-359-03001-0

2. Auflage 2025

Umschlaggestaltung: Verlag, Karoline Grunske
unter Verwendung eines Fotos von Aigars Reinholds /
Alamy Stock Foto
Druck und Bindung: buchdruckerei.de, Stahnsdorf bei Berlin

www.eulenspiegel.com